Schwab · Krappmann
Praktisches Pistolenschießen

Ulrich Schwab
Konrad Krappmann

Praktisches Pistolenschießen

Waffen auf Basis der Colt M1911

Einbandgestaltung: Michael Kreutz unter Verwendung
einer Vorlage von Ulrich Schwab.

Zeichnungen und Fotos im Innenteil:
Zeichnungen: Aimpoint 1, BDMP 3, BDS 11, Caliber 1,
Caspian 1, Colt 1, Bob Krieger Incorporated 1,
Para-Ordnance 1, Peters Stahl 1
Fotos: Brigitte Bermann 2 (Seite 34 u. 35), Günther
Lämmle 1 (Seite 179), Nyle B. Leatham 1 (Seite 36),
Ulrich Schwab 197

Unter Mitarbeit von Ingeborg Schwab.

ISBN 3-613-01901-9

1. Auflage 1998

Lektor: Martin Benz M.A.
Innengestaltung: Klaus Necker
Reproduktion: digi bild reinhardt, 73037 Göppingen
Druck: Maisch & Queck, 70839 Gerlingen
Bindung: Karl Dieringer, 70839 Gerlingen
Printed in Germany

INHALT

Einführung

Stellen Sie sich vor: Ferrari-Star Michael Schumacher in der nächsten Saison auf Christian Lautenschlagers 1914er Grand-Prix-Mercedes. Nicht einmal die Veteranen fänden das lustig.
Drei Jahre älter ist die Colt Government Model of 1911. Und mit dieser bemerkenswerten Konstruktion einer Selbstladepistole treten die Asse des sportlichen Großkaliberschießens noch heute zum Kampf um die Weltmeisterschaft an.
Sicherlich wäre es ein leichtes, dem laufend modifizierten und vielfach kopierten Oldtimer schon beim Entwurf des sehnlichst erwarteten Nachfolgers moderne Technik entgegenzusetzen. Doch die primäre Verwendung großkalibriger Faustfeuerwaffen im Polizei- und Militäreinsatz gestattet diese Verschwendung von Entwicklungskapazität und Steuergeldern nicht. Beispiele unter den aktuellen Gebrauchspistolen gibt es genug. Und die wenigen Ausnahmen machen den hochgezüchteten Clones der 1911 keine ernsthafte Konkurrenz.
Einer der Spezialisten für den Bau solcher Sportgeräte in Deutschland ist Büchsenmachermeister Konrad Krappmann. Auch ich beanspruche seine Dienste, und mitten in einer Reparatur – die nur 0,6 Millimeter hoch verriegelnden Laufwarzen meiner .38 Super Automatic von Les Baer haben die Kanten ihrer Gegenstücke im Schlitten weggeschlagen – steht plötzlich die Idee im Raum, Probleme dieser Art und ihre Lösung während der Herstellung einer eigens dafür gebauten Pistole anzusprechen und in einer Bildreportage festzuhalten.
Dabei bleibt es natürlich nicht. Schnell wird uns klar, daß zum besseren Verständnis der einzelnen Arbeitsgänge vorab die Technik des Originals und das sportliche Umfeld der projektierten Pistole dargestellt werden müssen. Immerhin bewegt sich auch der Büchsenmacher im Rahmen der vorgegebenen Waffenfunktion und hat darüber hinaus die Wettkampfregeln in den vorgesehenen Disziplinen zu berücksichtigen. Unsere Pistole soll im BDS-25-Meter- und Mehrdistanzschießen der Freien Klasse ab 7,62 Millimeter sowie als »Full House Race Gun« in der IPSC-Offenen Klasse geschossen werden können.
IPSC-Schießen bedeutet höchste Beanspruchung durch viel und harte Munition. Die Komponenten der Pistole wollen sorgfältig ausgewählt und aufeinander abgestimmt sein. Konrad Krappmann hat alles am Lager, was er für unser Vorhaben braucht, und denkt bezüglich der Kosten nur in qualitativen Kategorien. Das High-Capacity-Griffstück ist ebenso selbstverständlich wie der hochwertige Schlitten und der präzise Matchlauf.
Mögliche Alternativen zeigen wir im Kapitel Teilemarkt (ab Seite 74).

Der Pistolenbau schreitet problemlos, aber nicht zügig voran. Schließlich haben wir beide ja noch einen »Nebenberuf«, und in der Werkstatt steht entweder das Bandgerät oder die Kamera zwischen uns. Aber die Freude am Fortschritt bleibt. Unvermittelt spinnen wir den Faden neben der werdenden Krappmann weiter. »Wenn du Ärger mit deiner Kanone haben willst«, fällt dem Meister ein Spruch des ihm gut bekannten amerikanischen Tuners Chip McCormick ein, »dann mach' ruhig einen Slide Racker und lange Hebel dran«. Und ich lerne Matthew McLearn, den damals noch amtierenden IPSC-Weltmeister, in seiner Safe, Practical and Sensible Shooting School nicht nur als wenig sensiblen Lehrmeister, sondern auch als erfahrenen Pistol Smith kennen. Warum berichten wir nicht auch über sie und andere der Branche, ihre Arbeit, ihre Philosophie? Wir tun es.

Mit jeder neuen Erfahrung, die ich bei den Recherchen zu unserem Buch mache, frage ich mich, ob die lizensierten Hersteller nicht die Konkurrenz tapferer Heimwerker fürchten. Für Konrad Krappmann stellt sich diese Frage nicht. Eher das Gegenteil ist der Fall: »Ich ziehe die Beratung eines handwerklich begabten Amateurs jederzeit der unerquicklichen Reparatur seiner im Selbstversuch verstümmelten Waffe vor. Natürlich unter Hinweis auf die gesetzlichen Bestimmungen. Nur ein Beispiel: Manche Schützen erfaßt das blanke Entsetzen, wenn ihre Waffe die Zündhütchen nicht genau in der Mitte abschlägt. Wohlwollende Standnachbarn empfehlen dann meist ein anderes Kettenglied, ohne zu bedenken, daß diese Verbindung mit Rücksicht auf ihre Belastbarkeit und die Laufverriegelung nur führen, aber nicht tragen soll. Die Steuerung einer gut gebauten Pistole übernimmt allein das auf der Fanghebelachse gleitende Laufhakenprofil. Und was die Preisgabe irgendwelcher Tricks oder Geheimnisse betrifft, so erfolgt die ja schon bei jedem Verkauf. Sicher sehen das meine Kollegen ähnlich.«

Über Zeit und Geld reden die Profis nicht so gern. Acht, neun Monate Lieferzeit bei einem Auftragsvolumen um 7000 Mark sind auch nur schwer zu erklären. Zumal, wenn dem verärgerten Kunden der Verlust einer ganzen Sportsaison droht. Ich kenne das aus eigener Erfahrung, und deshalb protokollieren wir unter Berücksichtigung der journalistischen Zwangspausen auch den Nettozeitaufwand für jeden einzelnen Arbeitsgang, die halbe Stunde für das Zurückpassen des Laufs im Griffstück ebenso wie die vier Stunden für das Abzugstuning. Ohne Fremdarbeiten kommen wir auf 39 Stunden und 15 Minuten, die vom ersten Feilenstrich bis zur beschußfertigen Pistole aufgebracht werden müssen, und dafür erscheinen uns die üblichen Wartezeiten wirklich zu lang.

An den Preisen ist dagegen nicht zu rütteln. Versand, Zoll und Zollabfertigung machen die importierten Teile

nicht billiger als europäische Produkte, und dazu kommt noch die Abhängigkeit vom Dollarkurs. Bei 1,80 Mark investiert Konrad Krappmann 4159,90 Mark allein in das Material, und wenn er jetzt noch 70 Mark für die Meisterstunde berechnet, steht unsere Pistole auf 6907,40 Mark inklusive Mehrwertsteuer. Im Vergleich dazu ist auch eine privat eingeführte Race Gun für »nur« 2850 Dollar kein Schnäppchen. Mit Versand, Zoll, Einfuhrumsatzsteuer (Mehrwertsteuer), Zollabfertigung und Beschuß kosten diese 5130 Mark nämlich auch 6652,95 Mark.
Außerhalb der Werkstatt haben wir fremde Hilfe nötig. Die Waffen müssen nicht nur zerlegt, vermessen und fotografiert, sondern auch beschafft, geschossen und auf ihre Leistung geprüft werden. In diesem Zusammenhang gilt unser besonderer Dank:
Karl Grass, Martin Becker und Michael Knötig (Schützenverein Großsachsenheim e.V.); Peter Bitz (IPSC-Landessportleiter Baden-Württemberg); Wolfgang Heller und Christoph Johnsen (BDMP); Gerhard Hauff (Beschußamt Suhl); Rudolf Frieß, Harald Nieß und Anton Störk (Beschußamt Ulm); DEVA Deutsche Versuchs- und Prüf-Anstalt für Jagd- und Sportwaffen e.V., Altenbeken-Buke; inter import GmbH / Frankonia Jagd, Rottendorf (Bereitstellung Colt Government 1911-A1 und Series 70 Gold Cup National Match); Albrecht Kind GmbH / AKAH, Berlin (Bereitstellung Les Bear .45); Roland Blume, Sauer Custom Shop, Kürten (Bereitstellung Sauer-STI 9 mm und .38); Maurice Drummen, Nuth/Niederlande (Bereitstellung Drummen .38); Georg Fabricius, MCM-Deutschland, Fürthen (Bereitstellung MCM .38 Tribrid und .45); Matthew McLearn, Matt McLearn's Custom Machines, Claremore/Oklahoma (Bereitstellung MCM .38 Hybrid); Felix Mogdans, Dlask-Deutschland, Esslingen-Nellingen (Bereitstellung Dlask .38 und .45); Matthias Tannebaum, Gebr. Schoch Hartchrom GmbH, Stuttgart (Verchromung Krappmann-STI .38); Dieter Warkus, Waffen-Eblen, Stuttgart (Bereitstellung Colt Government Series 80 Gold Cup National Match); Ralf Wasserschleger (Bereitstellung Nowlin .38); Norbert Heimbach; Joachim Hofmann.

Stuttgart, im Mai 1998
Ulrich Schwab

Gesetzliche Bestimmungen zur Herstellung und Bearbeitung von Schußwaffen

Das deutsche Waffengesetz unterscheidet zwischen gewerbsmäßiger und nicht gewerbsmäßiger Herstellung.

- Wer gewerbsmäßig oder selbständig im Rahmen einer wirtschaftlichen Unternehmung Schußwaffen oder

Munition herstellen, bearbeiten oder instandsetzen will, bedarf der Erlaubnis der zuständigen Behörde nach § 7 WaffG.
- Wer diese Arbeiten nicht gewerbsmäßig ausführen will, bedarf der Erlaubnis der zuständigen Behörde nach § 41 WaffG. Die Erlaubnis wird auf höchstens drei Jahre erteilt, auf eine bestimmte Art und Zahl von Schußwaffen beschränkt und gegebenenfalls mit besonderen Auflagen verbunden.

Für die Bearbeitung und Instandsetzung von Schußwaffen gilt: Nach § 7 WaffG, Absatz 2, wird eine Schußwaffe insbesondere dann bearbeitet oder instandgesetzt, wenn sie gekürzt, in der Schußfolge verändert oder so geändert wird, daß andere Munition oder Geschosse daraus verschossen werden können, oder wenn wesentliche Teile ausgetauscht werden. Eine Schußwaffe wird weder bearbeitet noch instandgesetzt, wenn nur geringfügige Änderungen, insbesondere am Schaft oder an der Zieleinrichtung, vorgenommen werden. Auch die üblichen Reinigungs- und Wartungsarbeiten sind nicht genehmigungspflichtig.

Haftung

Für Arbeiten nach dem Inhalt dieses Buches übernehmen Autoren und Verlag keine Haftung. Nicht jeder begeisterte Tüftler erfüllt die handwerklichen Voraussetzungen, die zur praxisgerechten Umsetzung der angesprochenen Maßnahmen erforderlich sind und die Sicherheit der bearbeiteten Schußwaffe weiterhin gewährleisten. In Zweifelsfällen ist die Genehmigungspflicht einzelner Tätigkeiten mit der zuständigen Behörde abzuklären.

Auch die Ladedaten sind keine Empfehlungen zur ungeprüften Weiterverwendung durch den Leser. Die Herstellung selbstgeladener Munition unterliegt den Bestimmungen des Sprengstoffgesetzes und verpflichtet den Schützen, sich anhand anerkannter Ladetabellen oder Gasdruckprotokolle von der zulässigen Leistung seiner Patronen zu überzeugen.

Quellennachweis

- Jerry Kuhnhausen: The Colt .45 Automatic;
- Bock/Weigel: Handbuch der Faustfeuerwaffen;
- Bruno Bruckner: Faustfeuerwaffen;
- BDS-Sporthandbuch;
- BDMP-Sporthandbuch;
- Caliber;
- Deutsches Waffen-Journal;
- Visier;
- Ausschreibung zur Deutschen IPSC-Meisterschaft 1997;
- Ausschreibung zum PSW-Cup 1997

IPSC – Formel 1 des Schieß-sports

Der Sport mit großkalibrigen Faustfeuerwaffen ist in Bewegung geraten. Statt Präzision pur aus 25 Metern genießen die Schützen zunehmend die Dynamik des Praktischen Pistolenschießens, den Zeitfaktor in der Wertung und die Treffsicherheit aus unterschiedlichen Entfernungen. Action Shooting geht mit der Zeit und übt seine Faszination auf alle Altersgruppen aus. Sogar der konservative **Deutsche Schützenbund (DSB)** verschließt sich nicht länger dieser Entwicklung und läßt in den Klassen Zentralfeuerpistole 9 mm/.45 und Zentralfeuerrevolver .357/.44 Magnum schon mal beidhändig und mit verringertem Abzugswiderstand schießen.
Wegbereiter des Praktischen Pistolenschießens in Deutschland sind der **Bund Deutscher Sportschützen (BDS)** und der **Bund der Militär- und Polizeischützen (BDMP).**
Beide Verbände orientieren sich am internationalen Standard, ohne das deutsche Waffenrecht zu verletzen, und bieten eine ganze Reihe abwechslungsreicher Disziplinen für Pistolen und Revolver an. Entgegen der militärischen »Combat«-Praxis, wie sie in ähnlicher Form auch für Behörden, Sicherheitsdienste und private Waffenscheinbesitzer zugelassen ist, schreiben die sportlichen Regeln die Zielerfassung über eine Zieleinrichtung und die Schußabgabe im Stehen, Sitzen, Knien oder Liegen zwingend vor.

BDS-Disziplinen

Der BDS deckt den Kurzwaffenbereich weitgehend ab. Je nach Zulassung ihrer Anlagen schießen die Mitglieder aus allen Entfernungen zwischen fünf und 25 Metern sowie nach den übernommenen Regeln der **International Practical Shooting Confederation (IPSC).** Die Basis bildet ein 25-Meter-Schießen, das bereits die Züge weiterführender Disziplinen trägt: zehn Wertungsklassen für Pistole und Revolver ab Kaliber 5,6 mm/.22 einschließlich der auch für Mündungsbremsen sowie optische oder elektronische Visierungen offenen Freien Klasse ab Kaliber 7,62 mm/.30; vorgeschriebener Mindestimpuls; wenigstens 1000 Gramm Abzugsgewicht; freier Anschlag. Die Übung umfaßt ein Präzisions-, Intervall- und Zeitserienschießen zu je zehn Schuß auf Bezirks- und 20 Schuß ab Landesebene auf BDS-25-Meter-Präzisions- und Intervallscheiben.
Enthält das 25-Meter-Schießen noch wesentliche Elemente der klassischen Disziplinen, so brechen Mehrdistanz I (48 Schuß) und II (51 Schuß) völlig mit der Tradition. Anstelle von Ablagen für Waffen und Munition treten Holster, Patronentaschen (Mehrdistanz I), Magazintaschen und Halter für Schnellader (Mehrdistanz II), die ein schnelles Nachladen während der Positionswechsel gestatten, und die Schüsse werden rechtshändig, linkshändig, beidhändig, stehend, kniend und (bei Mehrdistanz II) auch sitzend

abgegeben. Beide Wettbewerbe teilen sich in ein Fertigkeitsschießen in vorgegebenen Zeitintervallen *(fixed time)* und ein Parcoursschießen auf Zeit, wobei ganz besondere Sicherheitsvorschriften zu beachten sind: Magazine und Trommeln dürfen nur mit den unmittelbar benötigten Patronen geladen und erst in der jeweiligen Schießposition der Pistole zugeführt oder in den Revolver eingeschwenkt werden (Mehrdistanz I). Bei »Finger im Abzug« vor oder nach der zu schießenden Serie folgt einem ersten »Warning« des begleitenden Schießleiters prompt der unwiderrufliche Abbruch des Durchgangs. Und nach jedem Durchgang müssen die Waffen entladen, leer vorgezeigt und geholstert werden. Entfernten Ähnlichkeiten mit IPSC-Standardübungen verdankt Mehrdistanz II sein sicherlich unverdientes »IPSC für Anfänger«.

Mehrdistanz I

Fertigkeitsschießen (21 Schuß)

Mehrere Schützen beschießen von der jeweiligen Feuerlinie aus BDS-Präzisionsscheiben nach optischem (Drehscheiben) oder akustischem Signal.

1. Serie: 5 m, 3 Schuß stehend rechte Hand, 7 s
2. Serie: 5 m, 3 Schuß stehend linke Hand, 7 s
3. Serie: 10 m, 3 Schuß stehend rechte Hand, 7 s
4. Serie: 10 m, 3 Schuß stehend linke Hand, 7 s
5. Serie: 10 m, 3 Schuß stehend beidhändig, 7 s
6. Serie: 15 m, 3 Schuß stehend beidhändig, 7 s
7. Serie: 20 m, 3 Schuß stehend beidhändig, 7 s

Parcoursschießen (27 Schuß)

Ein Schütze startet im Voranschlag (45 Grad) nach akustischem Signal bei 25 Metern, belegt die erste von fünf BDS-Präzisionsscheiben mit je drei Schüssen stehend und kniend, lädt während des ersten Positionswechsels Magazin oder Trommel mit einzelnen Patronen nach und wiederholt den Vorgang alle fünf Meter bis zur letzten Scheibe, die nur dreimal beschossen wird. Die Sollzeit beträgt zwei Minuten. Zeitüberschreitung ergibt Ringabzug (1 Ring/s).

Mehrdistanz II

Fertigkeitsschießen (24 Schuß)

Mehrere Schützen beschießen von der jeweiligen Feuerlinie aus BDS-Präzisionsscheiben nach optischem (Drehscheiben) oder akustischem Signal.

1. Serie: 5 m, 3 Schuß beidhändig, 3 Schuß starke Hand, 10 s
2. Serie: 10 m, 3 Schuß schwache Hand, Magazinwechsel bei Pistolen, entspannter Hammer bei Revolvern, 3 Schuß starke Hand, 15 s

3. Serie: 15 m, 3 Schuß beidhändig, 3 Schuß starke Hand, 15 s
4. Serie: 20 m, 6 Schuß beidhändig, 10 s

Parcoursschießen (27 Schuß)

Ein Schütze startet mit ungeladen geholsterter Waffe nach akustischem Signal bei 25 Metern, lädt und belegt fünf BDS-Präzisionsscheiben in vorgeschriebener Reihenfolge mit je sechs oder drei (letzte Position) Schüssen.

Vier der fünf Positionen werden durch unterschiedliche Schießrahmen (Barrikaden) mit einer nicht zu übertretenden Standfläche (90 x 90 Zentimeter) davor markiert, die fünfte durch einen Stuhl. Das Nachladen zwischen den Positionen erfolgt durch Magazin-

Mehrdistanz II: Schießrahmen S1, S2, S3, S4.

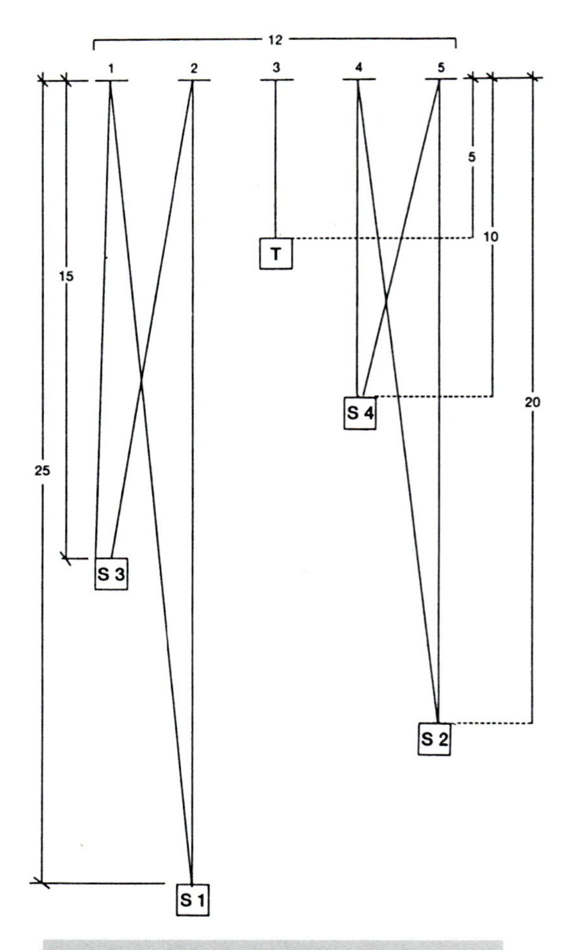

Mehrdistanz II: Parcours. T markiert die Position des Stuhls.

wechsel (offener Verschluß) oder Schnellader. Die Sollzeit beträgt zwei Minuten. Zeitüberschreitung ergibt Ringabzug (1 Ring/s), Zeitunterschreitung eine Gutschrift (1 Ring/3 s).

1. Position: 25 m, linke Schießbahnseite, je drei Schuß auf die erste und zweite Scheibe durch eine Öffnung 60 x 30 Zentimeter in 60 Zentimeter Höhe des ersten Schießrahmens

2. Position: 20 m, rechte Schießbahnseite, je drei Schuß auf die fünfte und vierte Scheibe durch eine Öffnung 60 x 30 Zentimeter mit Klappe in 130 Zentimeter Höhe des zweiten Schießrahmens

3. Position: 15 m, linke Schießbahnseite, je drei Schuß auf die erste und zweite Scheibe, links und rechts unterhalb des 80 Zentimeter hohen Querbalkens am dritten Schießrahmen vorbei

4. Position: 10 m, rechte Schießbahnseite, je drei Schuß auf die fünfte und vierte Scheibe, rechts und links am vierten Schießrahmen vorbei

5. Position: 5 m, Schießbahnmitte, auf dem Stuhl sitzend drei Schuß auf die dritte Scheibe

Das IPSC-Schießen selbst, darüber sind sich die »schnellen Finger« einig, ist die Formel 1 des Schießsports. Folgerichtig werden die technisch aufwendigen und oft skurril anmutenden IPSC-Pistolen und -Revolver auch Race Guns genannt. Die Leistung der Schüzen wird nicht in Ringen gemessen, sondern nach Treffern und Zeit, und weil eben alles sehr schnell gehen muß, sind wir wieder bei der Formel 1. Außer Pappzielen werden Ziele aus Stahl und anderen Materialien beschossen, die meisten unterschiedlich groß und als Pendel, Turner oder Mover manchmal auch beweglich.

Neun Jahre IPSC in Deutschland

Diligentia, vis, celeritas – unter diesem Motto gründeten Praktische Pistolenschützen aus aller Welt 1976 in Columbia/Missouri die International Practical Shooting Confederation und wählten den inzwischen legendären »Mister Fortyfive« John Dean »Jeff« Cooper zu ihrem ersten Präsidenten. Umsicht, Kraft und Schnelligkeit fanden auch in den damaligen »Schwellenländern« des dynamischen Pistolenschießens schnell Anklang und beschleunigten den Zusammenschluß kleinerer nationaler Gruppierungen ähnlicher Struktur in Länderverbände. In Deutschland übernahm es der BDS, die Statuten des internationalen Dachverbands rechtlich nachzubessern und 1990 in sein Sporthandbuch aufzunehmen. Seither werden nicht nur regelmäßig Bezirks-, Landes- und Deutsche Meisterschaften ausgetragen, sondern von rührigen BDS-Vereinen auch zusätzliche IPSC-Wettkämpfe ausgeschrieben. Teilnahmeberechtigt sind alle Schützen, die einen speziellen IPSC-Lehrgang absolviert und den abschließenden Sicherheits- und Regeltest bestanden haben.

Munition

Alle fünf Klassen – Standardklasse, Modifizierte Klasse, Offene Klasse, Standardklasse Revoler und Offene Klasse Revolver – werden in Minor- und Major-Wertung geschossen. Die Differenz berücksichtigt die Leistung der Patronen und honoriert den höheren Schwierigkeitsgrad durch eine stärkere Ladung. Faktormessungen mit der jeweiligen Wettkampfwaffe garantieren

B E S C H U S S A M T - U L M

Ballistische Messungen an Gebrauchspatronen entsprechend den derzeit gültigen Vorschriften des Waffengesetzes.

Antragsteller : Krappmann Sportartikel
Schwabenstraße 27
74626 Bretzfeld-Schwabbach

Kaliber	: .38 Super Auto	Prüflauf-Nr.	: 1
Los-Nr.	:	Prüflauflänge [mm]	: 150
Hülse	: RP	Meßstelle v. Stoßboden	: 14.0
Zündhütchen	: WSP	Meßbasis [mm]	2000 /03000
Ladung	: 10.3 gr.N 105	Raumtemperatur [°C]	: 20
Geschoß [g]	: 124 gr.Win.VMRK	Luftdruck [mbar]	: 60
Patronenlänge	: 32.0	rel. Luftfeuchte [%]	: 65
Höchstzul. Gasdr. Pmax [bar]	: 2250	Pmax-Beschuß [bar]	:
Höchstzul. Energie Emax [Joule]	:	Emax-Beschuß [Joule]	:

MESSART

Stauchkörper	:	Quarz-Druckaufn. Typ	: Z15363
Stempeldurchmesser	:	Nr.	: 439274
Tabellen-Nr.	: 0	Empfindlichkeit [pC/bar]	: 1.191

LFD Nr.	Vers. Nr.	V1	V2	Vm	Pcu	P-1	P-2	T2	T4
		[-------- m/s		---------]	[------- bar		--------]	[---- ms	----]
1	1	461.7	461.7	461.7	.	2187	.	.	.
2	2	457.0	457.0	457.0	.	2029	.	.	.
3	3	460.5	460.4	460.5	.	2139	.	.	.
4	4	458.2	458.2	458.2	.	2087	.	.	.
5	5	455.6	455.6	455.6	.	2012	.	.	.
Mittelwert :				458.6		2091			
Standard-Abweichung :				2.5		74			
Anzahl Werte :				5	0	5	0	0	0
Maximale Wert :				461.7		2187			
Minimale Wert :				455.6		2012			
Ob. Anteils-Grenze :						2588			
Ermittelter Wert :						2514			
Unt. Anteils-Grenze :									
Ermittelter Wert :									

20.04.1998 Nieß

Gasdruckprotokoll des Beschußamts Ulm. Die gemessene Laborierung entspricht den gesetzlichen Bestimmungen.

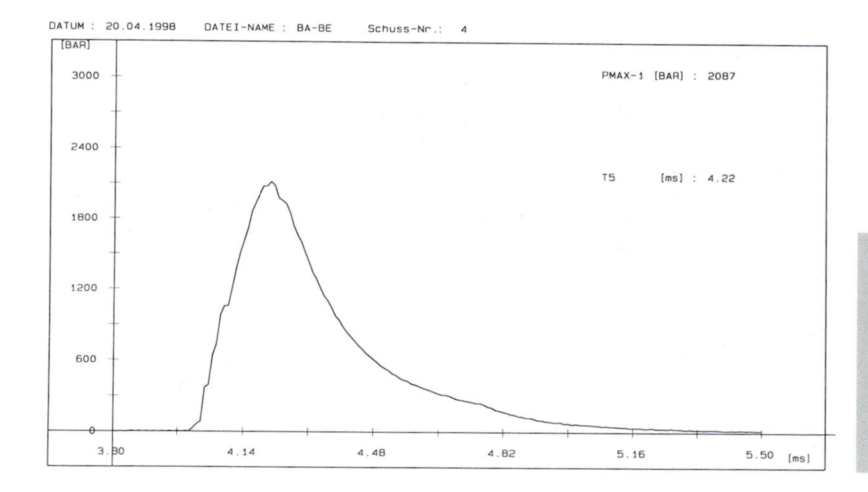

Druckverlauf Schuß 4. Höchster Gasdruck (Pmax) nach 4,22 Millisekunden (T5).

die Einhaltung der vorgeschriebenen Mindestimpulse von 125 für Minor- und 175 für Major-Laborierungen. Berechnungsgrundlage sind Masse und Geschwindigkeit der abgefeuerten Geschosse in US/UK- oder SI-Einheiten:

$$\frac{m\,(gr) \times v_0\,(ft/s)}{1000} = \text{Impulsfaktor}$$

$$\frac{m\,(g) \times 15{,}432 \times v_0\,(m/s) \times 3{,}281}{1000} = \text{Impulsfaktor}$$

$$m\,(g) \times v_0\,(m/s) \times 0{,}0506 = \text{Impulsfaktor}$$

m = Geschoßgewicht, v_0 = Mündungsgeschwindigkeit, gr = grains, g = Gramm, ft/s = feet per second, m/s = Meter pro Sekunde

Patronen im Kaliber 9 mm Para werden grundsätzlich Minor, solche im Kaliber 9 x 21 bei Vorlage eines Gasdruckprotokolls in der Offenen Klasse auch Major gewertet.

Anbohren einer Patrone zur Piezo-Quarzmessung.

150-Millimeter-Meßlauf mit Bohrung für den piezoelektrischen Sensor. Quarzkristalle haben die Eigenschaft, sich unter Druck elektrisch aufzuladen. Ein netzbetriebener mikroprozessorgesteuerter Einkanal-Ladungsverstärker wandelt die vom Meßwertaufnehmer abgegebene Ladung in proportionale Spannung um. Der angeschlossene Spitzenspannungsspeicher registriert und speichert den Druckverlauf.

Meßlauf und Verschluß im Meßblock.

Meßaufbau im Beschußamt Ulm.

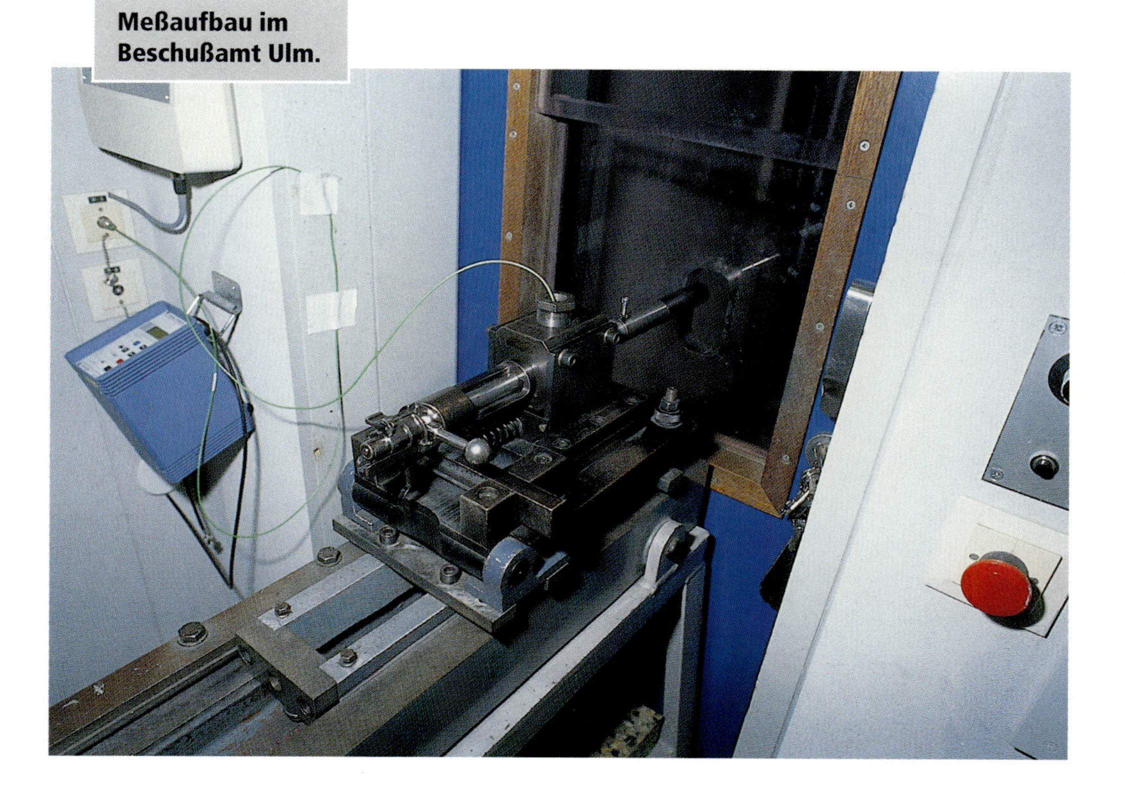

Die Ballistiker Harald Nieß und Anton Störk bei der Datenauswertung.

Martin Becker, mehrfacher Deutscher Meister im BDS-25-Meter- und Mehrdistanz-I-Schießen, beim Präzisionstest einer MCM.

Geschwindigkeitsmessung mit der Lichtschranke.

Standardklasse

Pistolen der Standardklasse, sogenannte Stock Guns, sind serienmäßig oder seriennah (*stock* = Ursprung) und erfreuen sich dank noch moderater Preise nicht nur bei Einsteigern großer Beliebtheit. Dennoch diktieren High-Tech und Kommerz auch in dieser Kategorie zunehmend das Geschehen, und aus der simplen CZ 75 für 798 Mark ist – bildlich gesprochen – mittlerweile die 3895 Mark teure »The Edge« in Modularbauweise mit Long Dust Cover geworden. Ähnlich verhält es sich mit den gängigen Kalibern, deren Oldies 9 mm Para und .45 ACP hauptsächlich im IPSC-Mutterland in .40 S&W starke Konkurrenz bekommen haben. Die Anerkennung als Stock Gun bedingt eine Jahresproduktion des Grundmodells von wenigstens 500 Exemplaren. Weitere Zulassungskriterien sind ein Mindestkaliber von 9 mm/.354, die unveränderte Lauflänge und Magazinkapazität des Originals, der Verzicht auf ein Laufgewicht oder eine Mündungsbremse sowie die Verwendung einer offenen (seit 1997 auch Ghost-Ring-) Visierung. Der Abzugswiderstand ist frei, und das gleiche gilt für alles andere Tuning, sofern die Pistole mit eingesetztem Magazin der Kastenregel (225 x 45 x 150 Millimeter) entspricht.

Modifizierte Klasse

Während die Standardklasse über ein weiterhin wachsendes Schützenpotential verfügt, befindet sich die für Pistolen und Revolver gemeinsame Modifizierte Klasse in großer Existenznot. Angesichts schwindender Starterfelder denken die Verantwortlichen bereits über die Einstellung nach, und wer Gründe dafür sucht, wird im Reglement schnell fündig: die Freigabe von Lauflänge, Mündungsbremse und optischer oder elektronischer Visierung bei gleichzeitiger Anwendung der Kastenregel. Welche Möglichkeiten dieser Kompromiß noch läßt, veranschaulichen die Abmessungen der kompensierten STI-Eagle 5.5 ohne Magazin und Visierung: 277,5 x 37,7 x 138 Millimeter.

Offene Klasse

Nomen est omen – in der Offenen Klasse ist (fast) alles erlaubt. Race Guns »aus der Schachtel« oder Einzelstücke vom Büchsenmacher unterliegen lediglich der gleichen Kaliberbegrenzung (ab 9 mm/.354) wie die Stock Guns und Modifieds und dürfen aus höchstens 170 Millimeter langen Magazinen (bis zu 27 Patronen der Neunmillimetergruppe) gespeist werden. Das Abzugsgewicht richtet sich wiederum nach den Bearbeitungsmöglichkeiten des Abzugsystems, und die freigestellten Abmessungen lassen sowohl beliebige Lauflängen in Kombination mit allen Arten von Mündungsbremsen als auch voluminöse optische oder elektronische Visierungen zu. In der Regel basieren moderne »Offene« auf Griffstücken, die zur Erhöhung der Feuerkraft doppelreihige Magazine aufnehmen, besitzen 5½-Zoll-Läufe (auch Hybridläufe) mit angeschraubten Kompensatoren, sind mit Leuchtpunktvisieren *(red dot sights)* ausgestattet und verschießen Patronen der Kaliber .38 Super Automatic oder 9 x 23, seltener 9 x 25, 9 x 21, oder 10 mm Auto. Besonders enge Lauf- und Schlittenpassungen, skelettierte Verschlußstücke, Abzugsgewichte um oder unter 700 Gramm, verlängerte Bedienungselemente, vergrößerte Magazintrichter und gecheckerte oder getapte Griffpartien machen die gewöhnliche Race Gun schließlich zur Full House Race Gun im Preisgefüge der nach oben offenen Tuner-Skala.

Standard- und Offene Klasse Revolver

Bei den Revolvern greifen ähnliche technische Spezifikationen. Das kleinste zulässige Kaliber ist 9 mm/.354, die Major-Wertung beginnt bei .357 Magnum und der Zugang zur Standardklasse führt über das halbe Tausend einer Jahresproduktion. In dieser Klasse sind auch die Lauflänge (wie in der Serie, jedoch nicht unter 100 Millimeter), das Gewicht (ungeladen höchstens 1400 Gramm), eine offene Visierung (mit unbegrenzter Visierlänge) und ein Spannabzug (mit beliebigem Widerstand) vorgeschrieben, während Laufgewichte, geportete Läufe, andere Mündungsbremsen und verstellbare oder nach der Hand geformte Griffschalen gewissermaßen unter die verbotenen Gegenstände fallen. Die Offene Klasse verlangt dagegen nur eine Mindestlauflänge von 100 Millimetern.

Zubehör

Die Klassenunterschiede sind allerdings nicht nur technischer Art. Pistolen und Revolver bedürfen auch des richtigen Zubehörs, um korrekt geholstert, schnell gezogen und flüssig nachgeladen werden zu können. Dabei interessieren vor allem die Bestimmungen zur Beschaffenheit und Tragweise. So muß gewährleistet sein, daß ein Holster die Waffe trotz des Verbots von Halteschlaufen und Druckknöpfen erst unter dem Zugriff des Schützen freigibt. Alles andere bedeutet die vorzeitige Verabschiedung vom Match. Das Reglement beinhaltet sogar einen Holstertest, der aus einem Sprung über ein 40 Zentimeter hohes Hindernis besteht. Auch ein Sprung mit seitlicher Drehung oder eine Bodenrolle sind möglich. Gleichzeitig wird der sichere Sitz von Magazinen und Schnelladern in ihren

Ziehen, Laufen, Schießen: Blitzstarter Heribert Bettermann.

Halterungen geprüft. Standardwaffen, modifizierte und ihr Zubehör werden hinter dem Hüftknochen getragen. In den Offenen Klassen ist eine taktische Tragweise zulässig, und für alle geholsterten Waffen gilt ein »Streukreis« von höchstens zwei Metern um die Standfläche des Schützen. Weitere Vorgaben regeln Seite (Holster immer auf der Schußhandseite), Höhe, Abstand vom Gürtel und den Sitz des Gürtels selbst.
Anordnung und Winkel der Holster, Magazintaschen und Halter für Schnellader sowie ihre Konstruktion sind für den guten Start in eine Übung und schnelles Nachladen ebenso wichtig wie intensives Training.

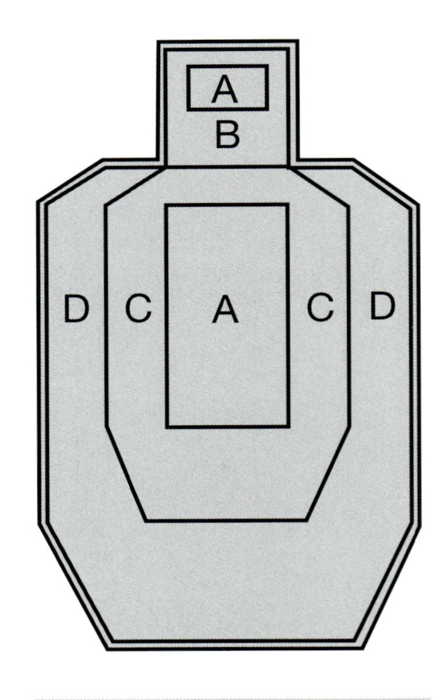

Internationale IPSC-Scheibe.

Ziele

Als Zielmedien dienen genormte Pappscheiben und unterschiedlich große Stahlziele, bisweilen auch dazwischen eingestreute Bowling-Pins, fest installierte Wurftauben und dergleichen. Die Pappscheiben gibt es (noch) in drei Ausführungen: die ältere internationale IPSC-Scheibe (Brüssel-Scheibe), die BDS-IPSC-Scheibe und die neue IPSC-Universalscheibe. Die einheitlich 45 x 75 Zentimeter großen Scheiben unterscheiden sich durch die Form ihrer Grundfläche, die bei der älteren internationalen Scheibe als menschlicher Umriß gedeutet werden kann und in Deutschland durch eine Scheibe mit zwei neutralen »Köpfen« ersetzt wird. Diese kleinen zusätzlichen Wertungsflächen teilen sich am Original in eine Mini-A-Zone innerhalb der Kopf-B-Zone und an der BDS-Scheibe in zwei gleichgroße B-Zonen (Präzisionsfelder). Auf der entsensibilisierten Universalscheibe finden sich nur noch die üblichen großflächigen A-, C- und D-Zonen. Die Trefferauswertung erfolgt unter Berücksichtigung der Impulsfaktoren:

Minor-Wertung	A = 5 Punkte
	B = 3 Punkte
	C = 3 Punkte
	D = 1 Punkt

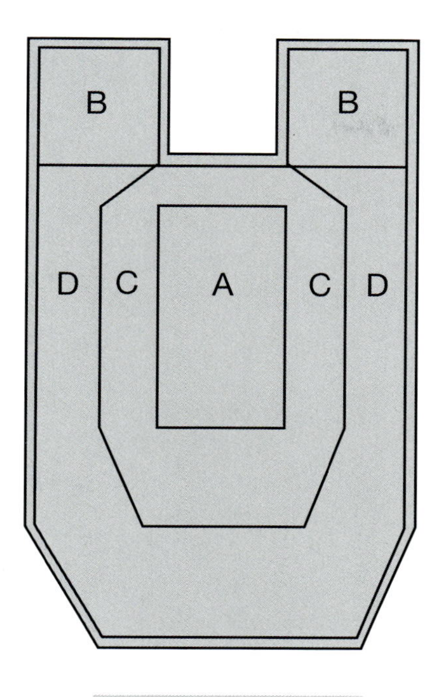

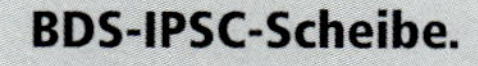
BDS-IPSC-Scheibe.

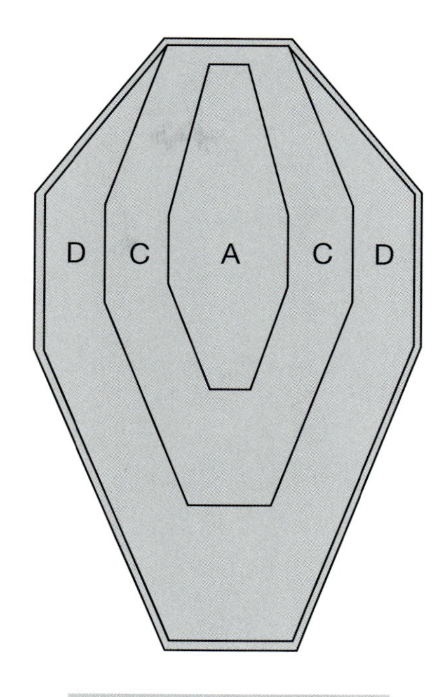

IPSC-Universalscheibe.

Major-Wertung A = 5 Punkte
B = 4 Punkte
C = 4 Punkte
D = 2 Punkte

Bei vorgeschriebenem Beschuß der Präzisionsfelder können B-Treffer zur Gleichstellung von Minor- und Major-Schützen auch mit fünf Punkten gewertet werden.

IPSC-Scheiben begegnen dem Schützen auch als No Shoots, Teilscheiben und Wertungsflächen beweglicher Ziele. So stehen die No Shoots, meist einfarbig rot oder durchgekreuzt, immer da, wo keiner sie will, warnen mit greller Farbe eindringlich vor ihrem Beschuß und bestrafen denselben mit zehn Punkten pro Treffer – ganz abgesehen von weiteren zehn Strafpunkten für den unbemerkt fehlenden oder in Virginia-Wertung nicht wiederholbaren Schuß auf der richtigen Scheibe. Gleiches gilt für Teilscheiben mit ausgewiesenen No-Shoot-Flächen, während die dunkel abgedeckten Partien anderer Scheiben als Vortäuschung undurchdringlicher Flächen *(hardcover)* anzusprechen sind und ungestraft beschossen werden dürfen. Allerdings zählen auch hier die fehlen-

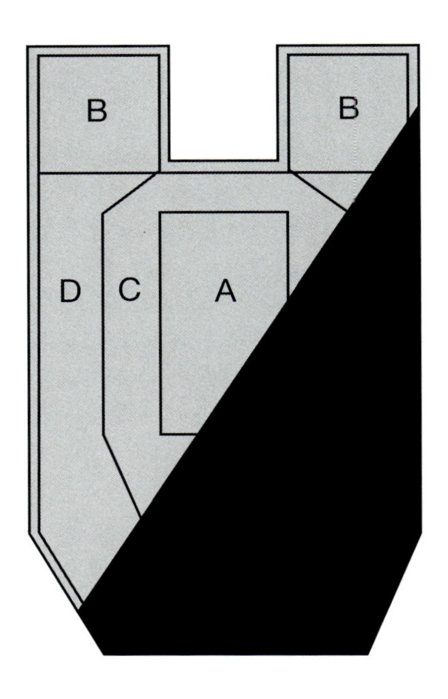

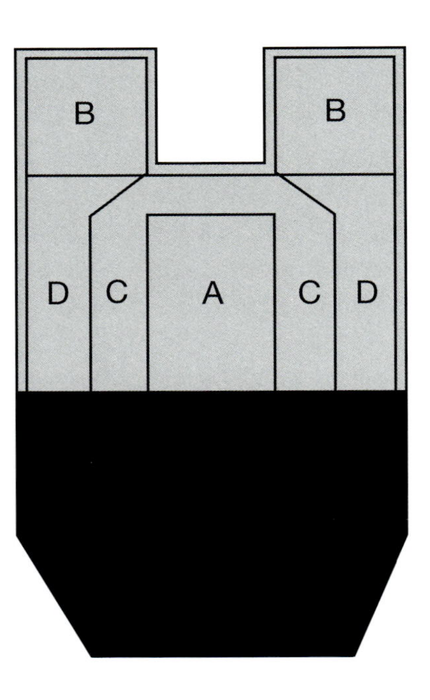

Teilscheiben (No Shoot/Hardcover).

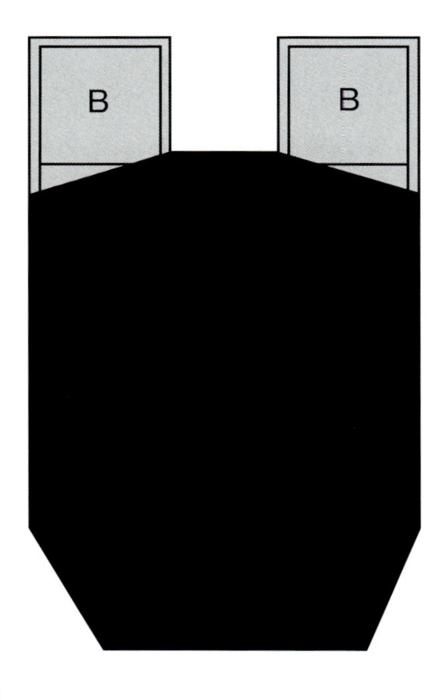

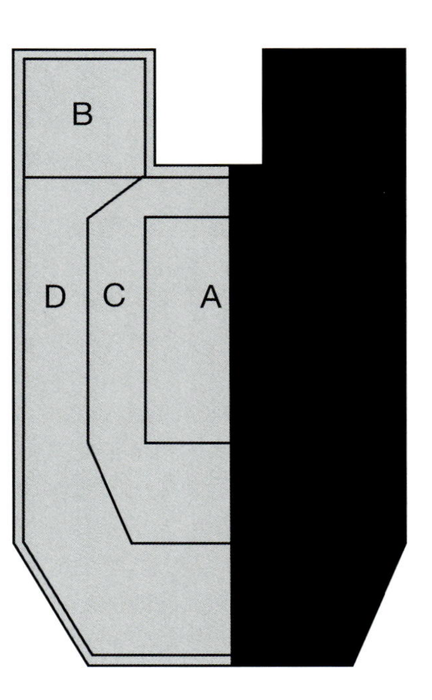

den Treffer auf der Wertungsfläche sowie der Zeitverlust.

Scheiben als bewegliche Ziele sind schwingende, drehende oder gleitende Systemteile, die entweder von Hand per Schnur oder durch den Fall eines beschossenen Stahlziels über eine Seilzugmechanik (das Lieblingsspielzeug des zuständigen Helfers) aktiviert werden. Den Antrieb der drei unterschiedlichen Scheibenträger besorgt die Schwerkraft. Bei der einfachen oder doppelten Pendelscheibe sind es ein oder zwei Gegengewichte, die den im Tempo oft regulierbaren Ausschlag geben. Die Scheibe oder das Scheibenpaar schwingt mit abnehmender Geschwindigkeit um seine Achse und tritt jeweils für Sekundenbruchteile aus einer Hardcover- oder No-Shoot-Kulisse. Alternativ dazu bekommt die Drehscheibe *(turner)* ihren Impuls sozusagen im freien Fall. Der Trick besteht in einem zweimal rechtwinklig versetzten Flacheisen, das die daran befestigte Scheibe auf ihrem Weg nach unten für eine bis zwei Sekunden in die Schußlinie dreht. Könner beschießen zwischen dem Auskuppeln und der ersten vollen 90-Grad-Drehung schnell noch andere Ziele. Und die Laufscheibe *(mover)* bewegt sich entweder durch ein Fallgewicht oder auf der schiefen Ebene. Im Extremfall kann es auch Fremdantrieb sein, ein geschleppter Scheibenträger bis hin zur gleisgebundenen Lore. Längere Fahrstrecken animieren wieder zu Behinderungen durch No Shoots.

Stahlziele gibt es praktisch in jeder Form und noch tragbaren Größe. Üblich sind Fallplatten oder Klappscheiben mit Durchmessern bis 30 Zentimeter (fünf Punkte) und darüber (fünf oder zehn Punkte), halbhohe Pepper Popper (53,4 Zentimeter) und 1/1 Pepper Popper (106,7 Zentimeter). Gelegentlich erscheint auch ein geteilter Pepper Popper mit markierter No-Shoot-Hälfte. Für den sicheren Fall der Ziele sorgen ihr Neigungswinkel bei der Aufstellung oder ein regulierbarer Widerstand.

Wertung

Papier:

Immer zwei Schüsse, wenn kein anderer Ablauf vorgeschrieben ist. Je ein Schuß auf die B-Zonen. Minor- und Major-Punktwertung (A5-B3-C3-D1 bzw. A5-B4-C4-D2). Je zehn Strafpunkte für fehlende oder Randtreffer außerhalb der Wertungslinie. Je zehn Strafpunkte für Treffer auf No-Shoot-Scheiben oder -Sektoren. Keine Strafpunkte für Fehlschüsse auf bewegliche Scheiben, die nach dem Stillstand weggedreht bleiben. Jedoch zehn Strafpunkte für jeden zuwenig abgegebenen Schuß (Ablauffehler).

Stahl:

Stahl muß fallen. In Comstock-Wertung darf erst danach weitergeschossen oder eine Übung beendet werden. In Virginia-Wertung ergibt ein Fehlschuß Strafpunkte in doppelter Höhe

Scheibe und Pepper Popper als No Shoots.

des erreichbaren Wertes. Alle gefallenen Stahlziele werten je nach Größe und Ablauf fünf oder zehn Punkte – Pluspunkte für die zu beschießenden Ziele und immer zehn Strafpunkte für No Shoots.

Comstock-Wertung:

Unbegrenzte Schußzahl. Bei Überzahl werten nur die beiden besten Treffer pro Scheibe. Fehlschüsse oder nicht zufriedenstellende Treffer können unter Zeitverlust aus der vorgegebenen Schießposition nachgeschossen werden. Bevorzugte Wertung für Schnellschießübungen und Laufparcours.

Virginia-Wertung:

Begrenzte Schußzahl. Überzählige Schüsse werten als Extra Shots und werden wie Ablauffehler mit zehn Strafpunkten belegt. Bevorzugte Wertung für Standardübungen.

Im Wettkampf ist der Schütze nie allein: Dr. Raija Smed-Hildmann und »ihr« CRO.

Gesamtwertung:
Festzeitübungen werden nur nach Treffern bewertet. Zu spät auf Drehscheiben abgegebene Schüsse sind »verloren«. Schüsse nach dem akustischen Stoppsignal bringen Strafpunkte in Höhe der jeweils bestmöglichen Treffer. Für alle anderen Übungen gilt: Trefferpunkte minus Strafpunkte durch Zeit. Der Schütze mit der höchsten Trefferquote *(hitfactor)* erhält alle erreichbaren Punkte (100 Prozent) einer Übung. Die nachfolgenden Plazierungen ergeben sich prozentual aus der jeweiligen Trefferquote.

Schießleitung und Kommandos

Im Wettkampf ist der Schütze nie allein. Zwar variieren Veranstalterteams und Standpersonal mit der Bedeutung der Matches und der Größe der

Schießanlagen. Aber schon auf Landesebene leiten ein Match Director (MD), Range Master (RM) und Chief Range Officer (CRO) den Wettbewerb mit Range Officers (RO's) an ihrer Seite. Dazu kommen Helfer für die Trefferaufnahme, das Abkleben der Scheiben, das Aufstellen der Stahlziele, das Ankuppeln der beweglichen Ziele und freiwillige »Dienstleistungen« wie das Einsammeln von Magazinen, ausgeworfenen Patronen und bisweilen auch Schrott. Der CRO oder einer seiner RO's erklärt die Übung *(briefing)*, gibt das Startsignal und begleitet den Schützen vom ersten bis zum letzten Schuß. Nichts geschieht ohne ihn, alles hört auf sein Kommando:
»*Load and make ready*« – Leuchtpunkt einschalten, laden, sichern, Magazinsitz prüfen, holstern, die restliche Ausrüstung prüfen.
»*Are you ready?*« – alles klar?
Bei Einspruch noch etwas Vorbereitungszeit.
»*Stand by*« – Achtung! Der Timer piepst nach ungefähr drei Sekunden, Drehscheiben brauchen manchmal etwas länger.
»*If you are finished, unload and show clear*« – wenn ja, Magazin entfernen, Verschluß öffnen (Trommel ausschwenken), Waffe leer vorzeigen.
»*Gun clear, holster*« – Waffe ist leer, abschlagen, holstern.
»*Range is clear*« – Sicherheit. Parcours zur Trefferaufnahme freigegeben.
Sind mehrere Übungen in Hot Range (Parcours nur für Helfer freigegeben) direkt hintereinander zu schießen, heißt es »*Safety on, holster*« – sichern, holstern, Arme vor der Brust verschränken und erneutes Kommando »*Make ready*« abwarten. Erst bei »*Check your gun*« darf nachgeladen werden.
Voreilige Schützen und solche, die es mit der Sicherheit nicht allzu ernst nehmen – Ausführung einer noch nicht gegebenen Anweisung, unsichere Handhabung, zu großer Schwenkbereich der Waffe, Finger im Abzug während des Laufens, eines Magazinwechsels oder einer Störung – handeln sich schnell eine Verwarnung oder Disqualifikation ein.
Warning und DQ entsprechen Gelb und Rot beim Fußball: vorsichtig weitermachen oder ab »unter die Dusche«.

Standardübungen

Je nach Schwierigkeitsgrad *(level)* gliedern sich Training und Wettkämpfe in mehr oder weniger anspruchsvolle Standardübungen, Schnellschießübungen und Laufparcours. Die oft als ätzend empfundenen Standards sind Pflichtübungen zur besseren Beherrschung der IPSC-Schießtechniken. In diesen Übungen geht es darum, einfache Ziele, meist unbeweglich aufgehängte IPSC-Scheiben, in einer bestimmten Reihenfolge aus einer oder mehreren Positionen schnell zu beschießen und keine Ablauffehler zu begehen. Unterschiedliche Anschlagarten, vorgeschriebene Magazinwechsel

und dergleichen erhöhen noch den Reiz. Vier gute Beispiele – und vom Bundessportleiter zur Nachahmung empfohlen – enthält die Ausschreibung eines Ranglistenturniers als Leistungsnachweis für die Teilnahme an höher eingestuften Wettbewerben.
In diesem Qualifier werden zunächst 28 Schüsse auf eine BDS-IPSC-Scheibe mit zwei Präzisionsfeldern in Festzeiten abgegeben und die geforderten B-Treffer entsprechend A-Treffern mit fünf Punkten gewertet. Ablauffehler und Extra Shots ergeben zehn, Zeitüberscheitungen ab drei Zehntelsekunden fünf Strafpunkte. Jeder Durchgang *(string)* beginnt auf ein akustisches Signal mit geladener, gesicherter und geholsterter Waffe – *Condition one, cocked and locked.*

String 1: 10 m, 2 Schuß, 1,5 s
String 2: 10 m, 2 Schuß, Magazinwechsel, 2 Schuß, 4 s
String 3: 10 m, 2 Schuß starke Hand, 2,5 s
String 4: 10 m, 2 Schuß schwache Hand, 3 s
String 5: 15 m, 2 Schuß starke Hand, 2 Schuß schwache Hand, 5 s
String 6: 15 m, 2 Schuß stehend, Magazinwechsel, 2 Schuß kniend, 5 s
String 7: 15 m, 1 Schuß B-Zone links, 1 Schuß B-Zone rechts, 3,5 s
String 8: 20 m, 2 Schuß stehend, 2,5 s
String 9: 20 m, 2 Schuß kniend, 3 s
String 10: 20 m, 2 Schuß, Magazinwechsel, 2 Schuß, 5 s

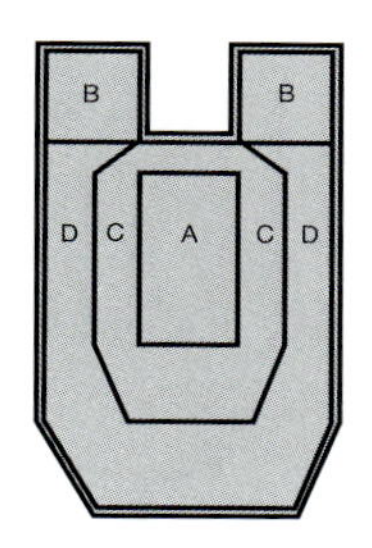

10 m

15 m

20 m

IPSC-Qualifier. Standardübung in Festzeitwertung.

Die zweite Übung ist ein entschärfter »El Presidente«: Der Schütze steht wieder entspannt mit geholsterter Waffe in einer Entfernung von zehn Metern frontal zu drei Scheiben und beschießt sie in Serien zu je zwei Schüssen auf die Gesamtfläche, je einem Schuß auf die B-Zonen mit der starken Hand und

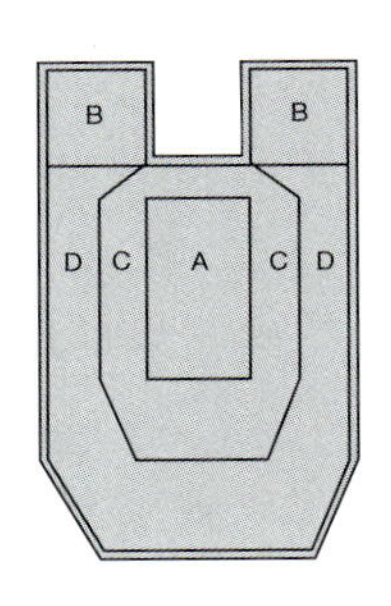

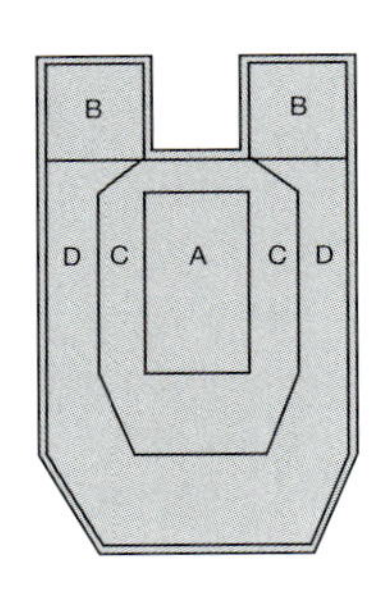

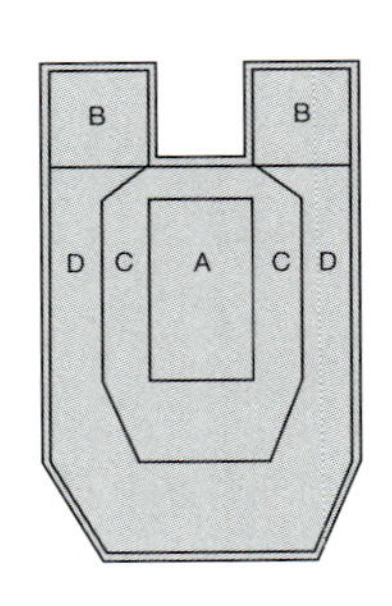

10 m

BOX
100 x 100 cm

Standard-übung in Comstock-Wertung.

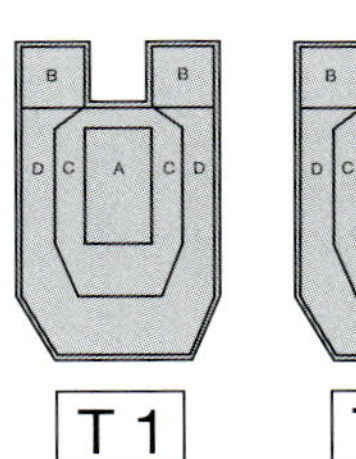

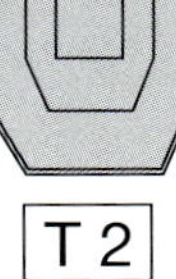

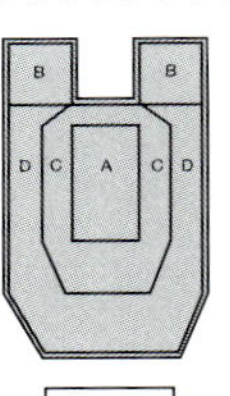

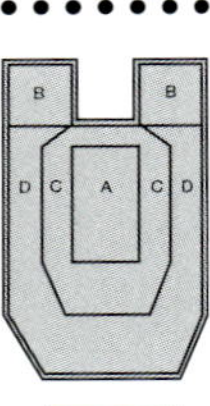

Standard-übung in Comstock-Wertung.

je einem Schuß auf die B-Zonen mit der schwachen Hand inklusive zweier Magazinwechsel. In Comstock-Wertung zählen die beiden besten Treffer auf jeder Scheibe und zwei Treffer pro B-Zone, während jeder Ablauffehler oder Fehlschuß *(miss)* zehn Punkte kostet.

Auch die dritte Übung wird Comstock gewertet. Hier startet der Schütze bei 15 Metern mit geholsterter Waffe in einer Box (ein mit Farbe, Klebeband oder Latten markierter Quadratmeter), belegt in freier Reihenfolge *(any order)* zwei Scheiben mit Doubletten und Einzelschüssen (B-Zonen), wechselt im Spurt zu einer zwei Meter seitlich und fünf Meter weiter vorn liegenden zweiten Box das Magazin und beschießt zwei weitere Scheiben auf die gleiche Weise. Fehlende Treffer und Ablauffehler wie das Übertreten oder Verschieben einer Box werden mit zehn »Nassen« bestraft, der vergessene Magazinwechsel mit zehn Punkten für jeden Schuß danach.

In der vierten und letzten Übung lernt der Schütze auch die Virginia-Wertung

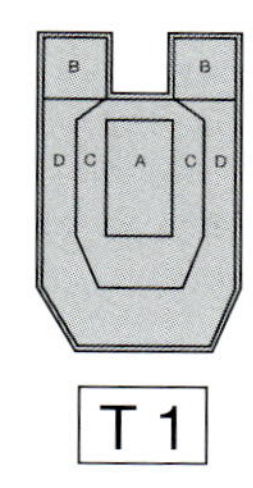

T 1

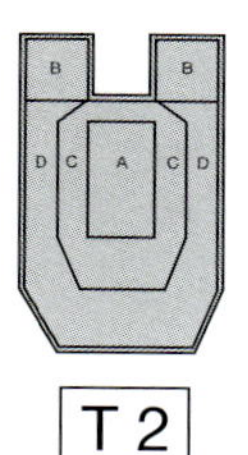

T 2

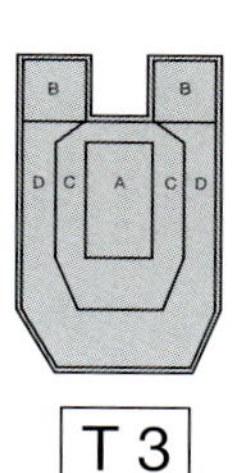

T 3

10 m

BOX C
100 x 100 cm

15 m

BOX B
100 x 100 cm

20 m

BOX A
100 x 100 cm

Standardübung in Virginia-Wertung.

»Magic Mike« Michael Knötig im Speed Shoot auf Teilscheiben.

kennen: 18 Schüsse sind gefordert, und nur ebenso viele dürfen abgegeben werden. Jeder weitere Schuß zählt als Extra Shot und bringt – wie ein Miss oder Schüsse nach einem vergessenen Magazinwechsel – zehn Strafpunkte ein. Der Übungsablauf verlangt je drei Doubletten (freier Anschlag, starke und schwache Hand) auf drei Scheiben aus 20, 15 und zehn Meter entfernten Boxen sowie Magazinwechsel vor der zweiten und dritten Schießposition. Mit dem gleichen Arrangement kann auch ohne Vorschrift der Schußhand liegend, kniend und stehend geschossen werden.

Speed Shoots

Schnellschießübungen verbinden das ganze IPSC-Repertoire an Zielmedien und Abläufen mit relativ kleinen Schußzahlen. Der Speed Shoot schlechthin ist der unverfälschte »El Presidente«: Die Waffe geladen, gesichert und geholstert, die Hände in Kopfhöhe und den Rücken zu den fünf Meter entfernten drei Scheiben erwartet der Schütze das Startsignal, um in der Drehung nach vorn zu ziehen, zu entsichern, die Scheiben je zweimal zu beschießen, das Magazin zu wechseln und die Scheiben erneut mit je zwei Schüssen zu belegen.

Typisches Shoot-off auf Stahl.

Robert »Rob« Leatham, Weltmeister 1983 – 1991, schafft den Präsidenten in 3,41 Sekunden, wobei er das Magazin in 0,7 Sekunden wechselt.
Kaum weniger typisch für derartige Stages (Stationen) ist der Beschuß von Stahl. Bei diesen Übungen geht es allein um die Zeit, die erst stoppt, wenn das letzte Ziel fällt, ob nun immer der erste oder erst der zehnte Schuß trifft. Meist sind es zweimal fünf Platten *(falling plates)* oder Pepper Popper auf zehn Meter mit einem Magazinwechsel dazwischen, die den Schützen an seiner Zielerfassung und Reaktion verzweifeln lassen.

Und dann gibt es noch ungezählte Kombinationsmöglichkeiten. So begeisterte IPSC-Crack Oliver Winkler bei der GS-Open 1997 mit einer Neuauflage seines berühmten »Lucky Luke«: Der Schütze sitzt mit angezogenen Beinen, weil seine Füße den Boden nicht berühren dürfen, im Sattel des hölzernen Jolly Jumper, lädt nach dem Pieps die am Pferdekopf abgelegte Waffe und beschießt aus acht Metern einen Pepper Popper, einen Turner und zwei Scheiben. Das Stahlziel löst die für anderthalb Sekunden sichtbare Drehscheibe aus und läßt vor ihrem Fall noch eine oder zwei Doubletten auf

Meisterhaft: Rob Leatham schießt »El Presidente«.

Dillon Precision
Products
WORLD'S FINEST
LOADING EQUIPMENT
Wilson Combat
ACCU-COMP
SPRINGFIELD
ARMORY

die unbeweglichen Scheiben zu. Dicht an der Schußlinie drohen allerdings zwei No-Shoot-Scheiben mit zehn Strafpunkten pro Treffer.

Laufparcours

Bei der Gestaltung eines Laufparcours sind der Phantasie des Stage-Designers kaum Grenzen gesetzt. Seine Kreativität kollidiert allenfalls mit den technischen Möglichkeiten vor Ort, den Schießbahnverhältnissen und eventuell noch mit der Sicherheit. Sogar die Enge von Raumschießanlagen kann durch technisch aufwendige und trickreiche Stages vorteilhaft genutzt werden. So zeigt der PSW-Cup regelmäßig, wie zwei nebeneinander aufgebaute Speed Shoots mit etwas »Dekoration« dazwischen im dritten Durchgang ohne längere Wegstrecken auch als Parcours geschossen werden können. Pfiffige Übungen wie »Rocky's Nightmare« (Start nach kurzem Boxtraining mit teilgeladener Waffe), »Escape from Winkerling« (über einen Popper »aufzuschießende« Handschellen) und »No Sports please« (Sitz auf einem wackligen Fahrrad) unter Verwendung beweglicher Ziele, von reichlich Stahl und noch mehr No Shoots ersetzen dabei die natürlichen Hindernisse einer größeren offenen Anlage.
Solche bietet zum Beispiel die DEVA-Schießanlage in Berlin-Wannsee, ein weitläufiges Sandgelände und schon mehrfach Austragungsort der Deutschen IPSC-Meisterschaften. »Weit ist der Weg« nennt der Architekt seinen großen Laufparcours, der den Schützen auf einer Grundfläche von 15 x 30 Metern durch den tiefen Sand jagt und ihm wenigstens 28 Schüsse in freier Reihenfolge aus neun Positionen abverlangt: sieben unbewegliche und zwei pendelnde Scheiben, sechs Popper und vier Klappscheiben mit einem halben No-Shoot-Popper und fünf No-Shoot-Scheiben garniert. Start »Relaxed position«, Waffe geladen, gesichert und geholstert, durchschnittliche Schießzeit 30 Sekunden. Stage »Jeff Cooper never dies« aus der gleichen Serie erstreckt sich über eine Länge von 28 Metern und fordert mindestens 23 Schüsse auf elf unbewegliche und Teilscheiben sowie einen Pepper Popper. Außer der anfänglich großen Distanz und sechs gutplazierten No Shoots sorgen drei besonders tiefe Öffnungen mit engen »Schußkanälen« und der zuführende Cooper-Tunnel für den nötigen Schwierigkeitsgrad. Der Tunnel besteht aus lose aufliegenden Latten und beansprucht beim Durchkriechen volle Konzentration, da jedes verrutschte oder abgestürzte Teil als Ablauffehler zählt.

Rechts:
»Weit ist der Weg« – ein großer Laufparcours.

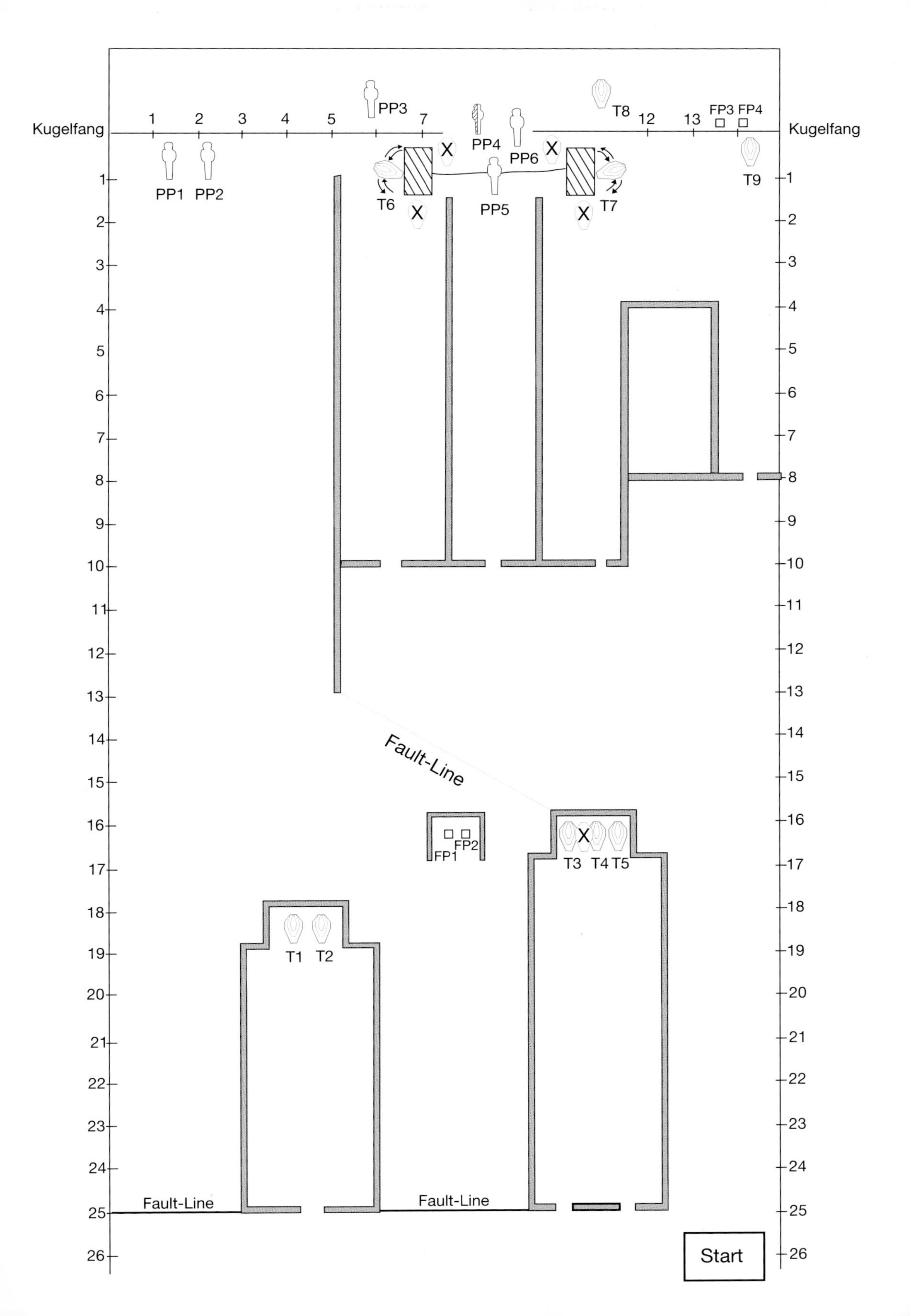
Kugelfang
Kugelfang
PP1 PP2 PP3 PP4 PP5 PP6
T1 T2 T3 T4 T5 T6 T7 T8 T9
FP1 FP2 FP3 FP4
Fault-Line
Fault-Line
Fault-Line
Start

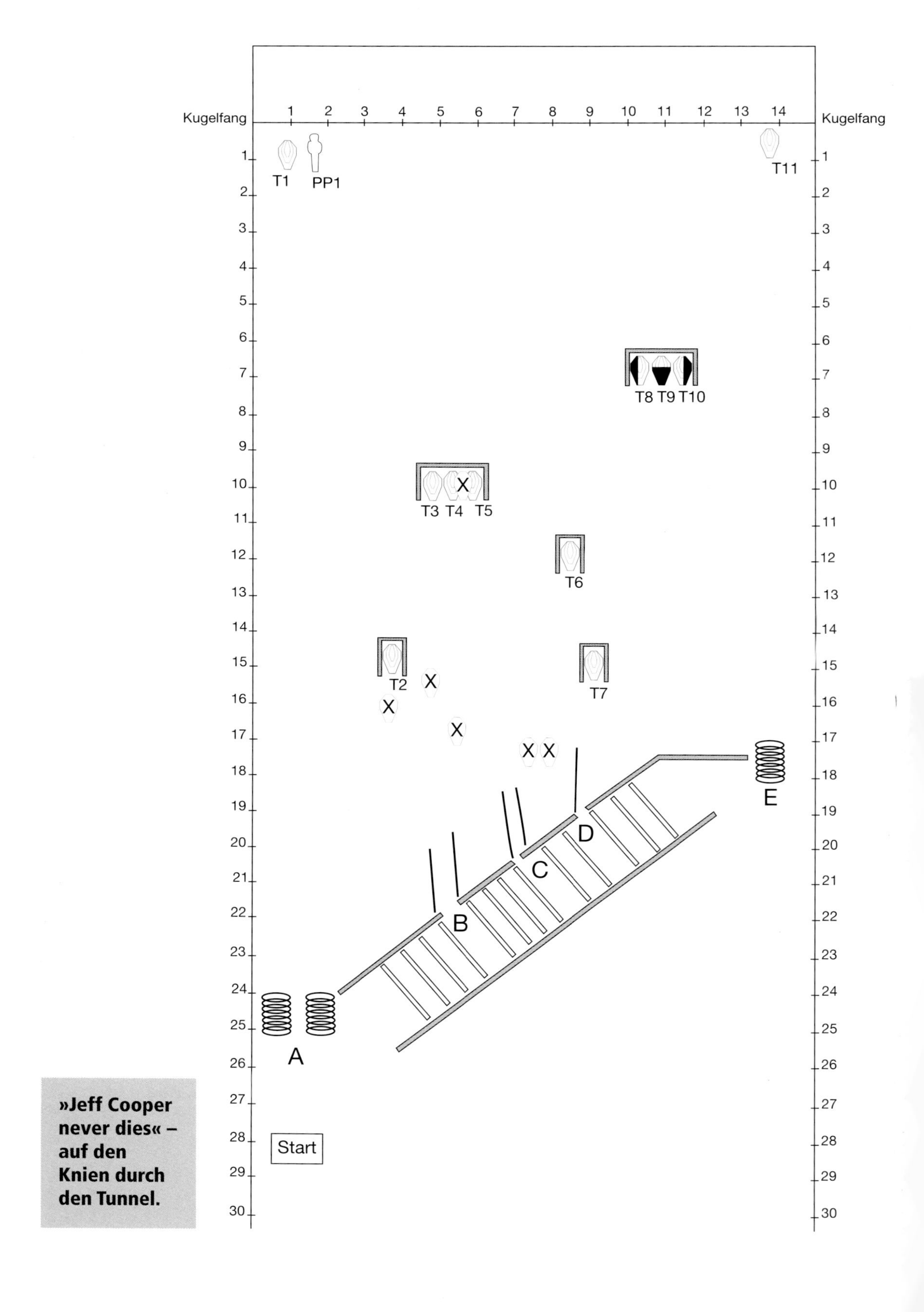

»Jeff Cooper never dies« – auf den Knien durch den Tunnel.

Starke Konkurrenz: BDMP 1500

Während der BDS die Dynamik in den Vordergrund stellt, pflegen die sportlich organisierten Militär- und Polizeischützen mehr das Praktische Schießen in seiner ursprünglichen Form. Die einzelnen Schießpositionen – Feuerlinien oder Stellungen am Pfosten (Barrikade) – werden ohne besondere Eile eingenommen. Leistungsklassen – Unclassified (Anfänger), Marksman, Sharpshooter, Expert, Master und High Master – berücksichtigen das individuelle Leistungsvermögen. Und Sechs-Schuß-Serien – mehr Patronen dürfen nicht geladen werden – ersparen den Pistolenschützen die Auf- oder Umrüstung mit High-Capacity-Griffstücken. Die BDMP-Paradedisziplin, eine Variante des international geschossenen **Practical Police Course (PPC),** heißt »1500«, weil in den fünf Matches dieses Wettkampfs zu insgesamt 150 Schuß maximal 1500 Punkte erreicht werden können. Alle fünf Matches werden aber nur im Hauptwettkampf 1500 und 1500 Auto Match geschos-

Ein 1500-Schütze zeigt, was seine 45er in Match 2 hergibt.

sen. Service Pistol, Open Match, Free Pistol und -Revolver sowie Distinguished Revolver konzentrieren sich auf Match 5, den **National Police Course** (60 Schuß). Das vollständige 1500-Programm umfaßt:

Match 1: 10 m, 12 Schuß stehend frei, Revolver nur Double Action (DA), 20 s
15 m, 12 Schuß stehend frei, Revolver nur DA, 20 s

Match 2: 25 m, 6 Schuß kniend frei, 6 Schuß stehend linke Hand, Pfosten links, 6 Schuß stehend rechte Hand, Pfosten rechts, Revolver nur DA, 90 s

Match 3: 50 m, 6 Schuß sitzend, 6 Schuß kniend frei oder liegend (international), Pfosten nach Wahl, 6 Schuß stehend linke Hand, Pfosten links, 6 Schuß stehend rechte Hand, Pfosten rechts, Revolver auch Single Action (SA), 165 s

Match 4: 25 m, 12 Schuß stehend frei, Revolver nur DA, 35 s. Dieser Durchgang wird zweimal geschossen

Match 5 (National Police Course):

- Station 1: 10 m, 12 Schuß stehend frei, Revolver nur DA, 20 s

Kniend, stehend und im Sitzen: Christoph Johnsen und Wolfgang Heller in den Matches 2 und 3.

- Station 2: 25 m, 6 Schuß kniend frei, 6 Schuß stehend linke Hand, Pfosten links, 6 Schuß stehend rechte Hand, Pfosten rechts, Revolver nur DA, 90 s
- Station 3: 50 m, 6 Schuß sitzend, 6 Schuß kniend frei oder liegend (international), Pfosten nach Wahl, 6 Schuß stehend linke Hand, Pfosten links, 6 Schuß stehend rechte Hand, Pfosten rechts, Revolver auch SA, 165 s
- Station 4: 25 m, 6 Schuß stehend frei, Revolver nur DA, 12 s

Je nach Länge der Schießbahn werden Original- oder reduzierte BDMP-1500-Scheiben beschossen. Bei Deutschen Meisterschaften sind 50 Meter obligatorisch.
Die Abläufe und Anschlagarten in den jeweiligen Schießpositionen lesen sich einfacher als sie sind. Gleichzeitig zeigen sie die Nähe des BDMP zur **British Army Rifle Association,** dem großen Vorbild des deutschen Verbands bei seiner Gründung im August 1979 in Paderborn: den möglichst praxisgerechten Waffengebrauch.
Schon in *Match 1* täuscht die knappe Formulierung »stehend frei« bei zehn und 15 Metern über den Schwierigkeitsgrad weg. Zwölf Schüsse mit Nachladen auf das 50 x 75 Millimeter große X (die Zehn mißt 100 x 150 mm) in 20 Sekunden sind ein Speed Shoot, vor allem mit dem Revolver, der DA geschossen werden muß. Pistole und Revolver sollten bereits im Holster hoch genug gegriffen werden, um in der Serie nicht zu weit aus dem Ziel zu springen, und beim Revolver kommt es dazu noch auf die DA-Charakteristik und Beherrschung des Abzugs an. Das Double-Action-System soll mechanisch leichtgängig, wegen zuverlässiger Zündung der Patronen aber nicht zu leicht in der Feder sein.
Match 2 schreibt den kniend freien und stehenden Anschlag unter Benutzung des Pfostens vor. Kniend gilt es, durch die Körperhaltung möglichst hohe Stabilität zu erreichen, was in der Praxis entweder ein Knie am Boden und das zweite als Auflage für den Oberarm kurz hinter dem Ellbogen oder beide Knie am Boden bedeutet. Bodenkontakt mit dem Gesäß ist nicht erlaubt. In der zweiten Serie steht der Schütze rechts hinter dem Pfosten, von dem eine nicht zu übertretende gedachte oder markierte Begrenzungslinie nach hinten führt, und feuert die sechs Schüsse mit der linken Hand ab. Die rechte dient als Abstützung am Pfosten und verhindert dessen unzulässige Berührung mit der Waffe. Vor der dritten Serie wechseln Seite und Schußhand.
Match 3 beginnt sitzend oder liegend. Wieder versucht der Schütze durch seine Haltung optimale Stabilität zu gewinnen, um auch die 50-Meter-

Distanz mit größtmöglicher Präzision zu überwinden. Je nach Körperbeherrschung zieht er dabei eines seiner Beine so weit an, daß er entweder das Knie im beidhändigen Anschlag umfassen oder als Arm- und Handauflage ohne Waffenberührung benützen kann. Das mehr oder weniger stark durchgestreckte andere Bein fixiert mit der Wade oder Kniekehle den beigedrehten Fuß des Stützbeins. Beim Kniendschießen darf mit der Hand am Pfosten angelegt werden, und für das Stehendschießen gelten die gleichen Bestimmungen wie in den anderen Matches. Allerdings ist den Revolverschützen der Abzugsmodus in den 50-Meter-Positionen freigestellt.

Die *Matches 4* und *5* enthalten keine weiteren neuen Anschlagarten. *Match 4* kompensiert die größere Scheibenentfernung gegenüber *Match 1* mit einer Zeitzugabe, und *Match 5,* der auch für sich allein geschossene National Police Course, ist eine gestraffte Ausgabe des Gesamtwettkampfs mit Ausnahme der vierten Station. Diese spezielle Zwölf-Sekunden-Übung (sechs Schüsse aus 25 Metern) stellt hohe Anforderungen an Schießvermögen und Zeitgefühl.

Waffenkunde

In der Waffentechnik nimmt die vorgeschriebene offene Visierung eine Sonderstellung ein. Schußweiten zwischen zehn und 50 Metern erfordern nicht nur ein scharfes, kontrastreiches Visierbild, sondern legen auch eine einfache und zuverlässige Schnellverstellung nahe. An den besseren Systemen, bei Revolvern in eine Laufschiene von maximal zulässiger Visierlänge integriert, können an Kimme oder Korn mehrere vorgegebene Positionen durch Drehen oder Schieben abgerufen werden. Star der 1911er Rastvisiere ist die Aristocrat-Kimme mit drei programmierbaren Einstellungen. Je nach Haltepunkt – die Zehn im schwarzen Feld aufsitzend, Fleckschuß oder den schwarzen Pfeil auf weißem Grund aufsitzend – sind auch Kontrastlinien oder -punkte an Kimme und Korn hilfreich.

Der *Hauptwettkampf 1500* wird mit Revolvern ab Kaliber .32 und (seit 1997) Selbstladepistolen nach den 1500-Auto-Match-Regeln ausgetragen. Für die Revolver sind eine maximale Lauflänge von sechs Zoll, eine größte Visierlänge von 8 1/2 Zoll und ein Abzugsgewicht (Single- wie Double Action Only) nicht unter 1134 Gramm vorgeschrieben, während Kompensatoren, orthopädische Griffe und in ihrer Funktion beeinträchtigte Sicherheitseinrichtungen nicht verwendet werden dürfen. Hinsichtlich schwergewichtiger Bull-Barrels mit Zusatzgewichten, exakt fluchtender Trommelbohrungen und bestmöglich aufeinander abgestimmter Transport- und Abzugsteile genießen die Tuner dagegen Narrenfreiheit.

Das *1500 Auto Match* steht beliebigen Selbstladepistolen ab Kaliber .35 mit

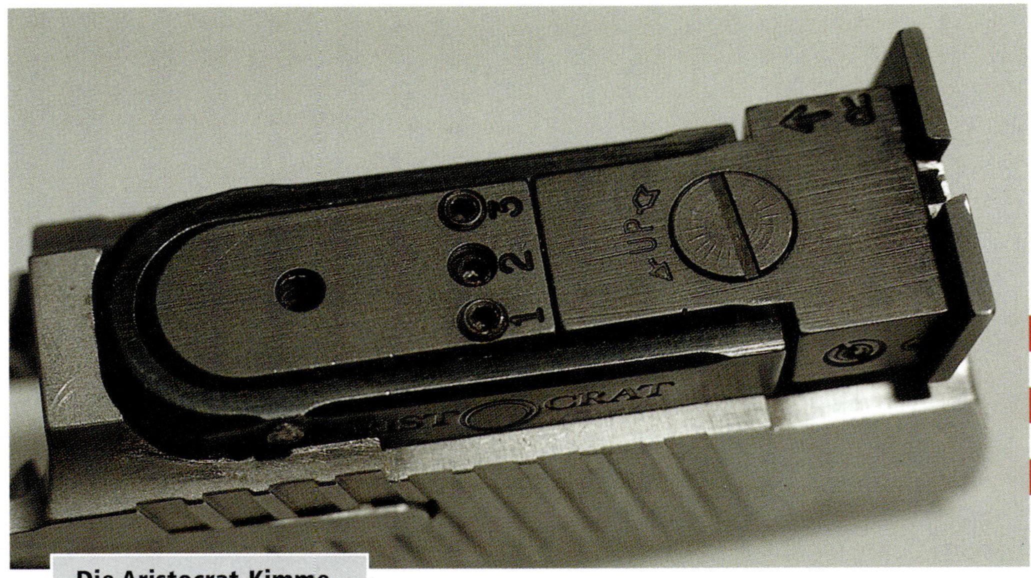

Die Aristocrat-Kimme mit drei Einstellungen.

BDMP 1500 – ursprünglich eine Revolverdisziplin.

einer größten Lauflänge von sechs Zoll offen. Wie bei den Revolvern darf weder eine Mündungsbremse montiert, noch ein anatomischer Formgriff verwendet oder die innere Sicherheit gefährdet werden. Anstelle eines Kompensators duldet das Reglement jedoch ein Laufgewicht, das als Kornträger vor einem kurzen Verschlußstück weiterhin die höchstzulässige Visierlänge von 8½ Zoll ermöglicht. Das Abzugsgewicht ist auf 1360 Gramm (international 1589 Gramm) limitiert.

1500 – Kurzprogramme

Das *Service Pistol Match* läuft im **National Police Course** unter dem Begriff »Dienstpistole« und wird mit serienmäßigen Selbstladepistolen ab Kaliber .35 und Lauflängen bis fünf Zoll ausgetragen. In ihrer Eigenschaft als Gebrauchspistolen besitzen diese Waffen Original- oder gleichartige Gummigriffschalen, eine starre oder verstellbare Visierung und ein kleinstes Abzugsgewicht von 1360 Gramm (international 1589 Gramm). Das *Open Match* fördert dagegen Pistolen (ab Kaliber .35) und Revolver (ab Kaliber .32) in allen Ausbaustufen bis zur optischen oder elektronischen Visierung. Ihre offensichtliche Verwandtschaft mit den offenen IPSC-Klassen schafft weitere Startmöglichkeiten. Auf nationaler Ebene kann das *Open Match* auch in getrennter Wertung mit der Free Pistol oder dem Free Revolver geschossen werden.

Freie Waffen sind Pistolen und Revolver ab Kaliber .30, die sonst ebenfalls keinen besonderen technischen Vorschriften unterliegen. Zum Abschluß des 60-Schuß-Programms bietet das *Distinguished Revolver Match* schließlich noch Gelegenheit, Match 5 auch mit nahezu unveränderten, maximal sechszölligen 38/357ern zu schießen. Die statthaften Serienabweichungen beschränken sich auf mehr Grip durch besser haftende Griffschalen und eine Überarbeitung des Abzugs nach den Vorgaben des Hauptwettkampfs.
Die letzten drei Disziplinen im Rahmen der 1500 sehen weitere Kürzungen der Schußzahlen und -weiten vor. Im *Service Revolver Match* sind 42 Schüsse (DA) aus vier Entfernungen abzugeben:

Station 1: 3 m, 6 Schuß stehend frei, einhändig, 8 s
Station 2: 7 m, 12 Schuß stehend frei, ein- oder beidhändig, 20 s
Station 3: 15 m, 6 Schuß stehend frei, ein- oder beidhändig, 12 s
Station 4: 25 m, 6 Schuß kniend am Pfosten, 6 Schuß stehend linke Hand, Pfosten links, 6 Schuß stehend rechte Hand, Pfosten rechts, 90 s

Als Dienstrevolver führt das Sporthandbuch seriennahe Waffen im Kaliber .38/.357 mit höchstens vierzölligen Läufen, starrer oder verstellbarer Visierung und Abzügen, die in Single Action nicht »leichter« als 1134 Gramm sind.

Im *Off Duty Match* für kurzläufige 38/357er bis 2¾ Zoll (40 Schuß) werden immer nur fünf Patronen geladen. Dementsprechend ändert sich die Übung:

Station 1: 3 m, 5 Schuß stehend frei, einhändig, 6 s
Station 2: 7 m, 10 Schuß stehend frei, ein- oder beidhändig, 20 s
Station 3: 15 m, 10 Schuß stehend frei, ein- oder beidhändig, 25 s
Station 4: 25 m, 5 Schuß kniend am Pfosten, 5 Schuß stehend linke Hand, Pfosten links, 5 Schuß stehend rechte Hand, Pfosten rechts, 90 s

Anerkannte Snub Noses sind »fabrikgefertigte Revolver ohne äußere Veränderungen« mit starrer oder verstellbarer Visierung.

Und auch das *Stock Semi Automatic Pistol Match* (48 Schuß) richtet sich nach den besonderen Eigenschaften der Waffen, der Halbautomatik und dem schnellen Magazinwechsel:

Station 1: 3 m, 6 Schuß stehend frei, einhändig, 8 s
Station 2: 7 m, 12 Schuß stehend frei, ein- oder beidhändig, 20 s
Station 3: 15 m, 12 Schuß stehend frei, ein- oder beidhändig, 20 s
Station 4: 25 m, 6 Schuß kniend, Pfosten nach Wahl, 6 Schuß stehend linke Hand, Pfosten links, 6 Schuß stehend rechte Hand, Pfosten rechts, 60 s

Unter halbautomatischen Dienstpistolen versteht der BDMP »in einer Serie von mindestens 1000 Stück für den Polizei- oder Militärgebrauch gefertigte Selbstladepistolen ab Kaliber .35 in katalogmäßigem Zustand«. Für diese Waffen sind Lauflängen bis fünf Zoll und starre Visierungen vorgeschrieben.

Andere BDMP-Disziplinen

Neben den vielfältigen 1500er Klassen und Matches bietet der BDMP auch »statische« 25-Meter-Disziplinen und »praktische« Mehrdistanz-Wettkämpfe auf Drehscheiben an. Die 25-Meter-Übungen werden mit den Dienstpistolen 1 bis 3, den Single-Action-Revolvern 1 und 2 sowie der Sportpistole auf die 25/ 50-Meter-UIT-Pistolenscheibe geschossen. Alle Dienstpistolen sind »unveränderte Selbstladepistolen im Originalzustand unabhängig vom Einführungsjahr (DP 1 und 2) oder bis zum Entwicklungsjahr 1945 (DP 3)« in den Kalibern .32 bis .455 für DP 1 und 2 sowie .30 bis .455 für DP 3. Die wenigen zulässigen Abweichungen betreffen das Abzugsgewicht (1360 Gramm für alle Dienstpistolen), die Visierung (bei DP 2 verstellbar) und den

Ersatz der Originalgriffschalen durch rutschfestere Zubehörteile in ähnlicher Form (DP 1 und 2). Für die konstruktionsbedingten Single-Action-Revolver sind die Kaliber .24 bis .45 (nur Metallpatronen mit Nitro-Treibladungen), eine starre (SAR 1) oder verstellbare Visierung und ein Abzugsgewicht von wenigstens 1000 Gramm vorgeschrieben. Und die »Sportpistolen« dürfen auch Revolver sein, sofern sie in die Kaliberspanne .32 bis .455 passen, Läufe zwischen 100 und 166 Millimeter besitzen, nicht mehr als 1400 Gramm (Pistolen mit ungeladenem Magazin) wiegen und ein Abzugsgewicht von 1360 Gramm halten.
Auch das Zeitserien- und Intervallschießen mit der Police Pistol 1 und der NPA Service Pistol (Service Pistol B)

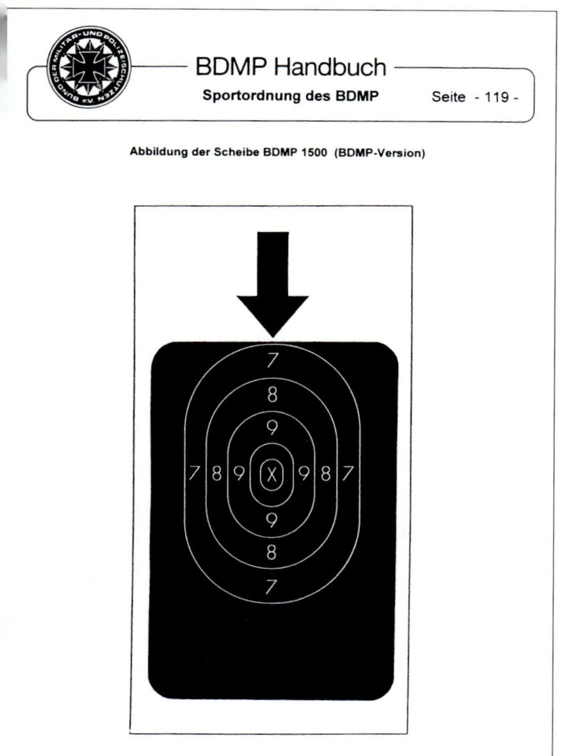

BDMP Handbuch
Sportordnung des BDMP — Seite - 119 -

Abbildung der Scheibe BDMP 1500 (BDMP-Version)

BDMP-1500-Scheibe.

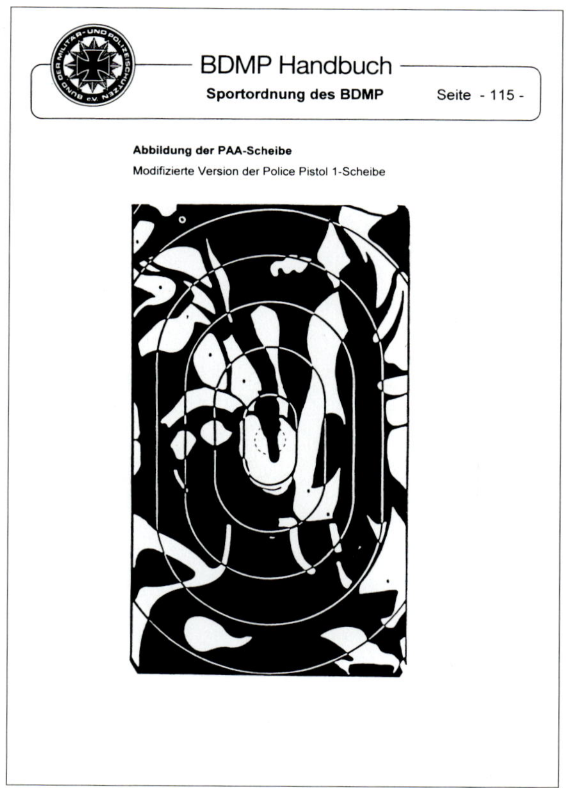

BDMP Handbuch
Sportordnung des BDMP — Seite - 115 -

Abbildung der PAA-Scheibe
Modifizierte Version der Police Pistol 1-Scheibe

BDMP-PAA-Scheibe.

sind gemischte Pistolen- und Revolverwettkämpfe. In diesen Disziplinen wird mit beliebigen, wahlweise kompensierten Großkaliberwaffen ab Kaliber .354 aus dem Voranschlag (PP 1 45 Grad / NPA horizontal) stehend frei auf geänderte PAA- und 11/59-Scheiben geschossen.

Police Pistol 1

Station 1: 25 m, 12 Schuß, 120 s

Station 2: 15 m, 2 x 6 Schuß in Intervallen zu je 1 Schuß in 2 s

Station 3: 10 m, 6 Schuß in Intervallen zu je 2 Schuß in 2 s

NPA Service Pistol

Station 1: 25 m, 6 Schuß linke Scheibe, 15 s

Station 2: 20 m, je 3 Schuß rechte und linke Scheibe, 10 s

Station 3: 15 m, 6 Schuß in Intervallen zu je 2 Schuß in 3 s, rechte Scheibe

Station 4: 10 m, je 3 Schuß rechte und linke Scheibe, 6 s

BDMP Handbuch
Sportordnung des BDMP Seite - 117 -

Abbildung der Scheibe Nr. 11/59 - Service Pistol NPA (BDMP-Version)

BDMP-11/59-Scheibe.

Ein Colt für alle Fälle

Nicht selten werden Klischees bemüht, wenn begeisterte Schützen über ihre Gov't reden: Urgestein, Stammvater, altes Schlachtroß. Tatsächlich hat die einfache und geniale Konstruktion des John Moses Browning seit Anlauf ihrer Serienproduktion im September 1911 nichts an Aktualität verloren. Sogar das Gegenteil ist der Fall. Als Ausgangsbasen brauchbarer Sportpistolen bis hin zu Race Guns der Sonderklasse haben die spärlich weiterentwickelten Nachfolger und Lizenzbauten der legendären *Colt Government Model of 1911* (auch *U.S. Pistol Caliber .45 Model of 1911)* bis heute allen noch so modernen Alternativen erfolgreich Paroli geboten. Ein Grund, die wichtigsten geschichtlichen Daten und die weitgehend unveränderte Technik der Waffe den eigentlichen Sportgeräten voranzustellen.

John Moses Browning (1855 – 1926) beschäftigte sich bereits 1891 mit Selbstladepistolen und fertigte ein Versuchsmuster, das er vier Jahre später der Firma *Colt's Patent Fire Arms Manufacturing Company* in Hartford/Connecticut vorführte. Colt erkannte das technische Potential, das in dieser Waffe steckte, erwarb die Rechte an dem verriegelten Gasdrucklader, meldete ihn im September 1895 zum Patent an und schloß mit Browning einen Mitarbeitervertrag. Zur Serienreife gelangte jedoch erst der dritte und schon sehr viel ausgereiftere Entwurf.

Das erste gemeinsame Produkt der beiden Vertragspartner und zugleich die erste in den Vereinigten Staaten kommerziell hergestellte halbautomatische Pistole erschien nach dreijähriger Entwicklungszeit zur Jahrhundertwende unter der Bezeichnung *Colt Caliber .38 Automatic Pistol* mit dem Zusatz *Browning's Patent*. Der später als *Model of 1900* oder auch *M 1900* geführte Rückstoßlader im Kaliber .38 ACP (Automatic Colt Pistol) »Rimless-Smokeless« verriegelte über drei Ringwarzen am Lauf in drei Nuten des hin- und hergleitenden Verschlußstücks und entriegelte durch paralleles Absenken des Laufs. Dies geschah beim Verschlußrücklauf nach dem Schuß, indem sich der zunächst mitgenommene Lauf durch die Drehung zweier Gelenke (Kettenglieder) zwischen Laufmündung, Patronenlager und Griffstück aus dem Verschlußstück löste. In der Gegenbewegung rammte das Verschlußstück unter Federdruck die neue Patrone ins Patronenlager und drückte den Lauf über die beiden Kettenglieder, das Double Link Locking System, wieder nach oben in die Verriegelung. Das Magazin faßte sieben Patronen.

Gegenüber den marktbeherrschenden Revolvern erzielte die Pistole nur einen bescheidenen Verkaufserfolg. Andererseits ermutigte der Absatz von zuletzt über 3500 *M 1900* in Zivil- und Militärausführung Colt aber doch dazu, auch mit der »Automatic« weiterzumachen. 1902 folgte die in wesentlich größerer Stückzahl gebaute *M 1902 Sporting/Military* mit Verschlußfang, ergonomisch verbessertem Griffstück und größerer Magazinkapazität (acht Patronen). 1905 erschien zusammen mit der neuen Patrone .45 ACP die erste halbautomatische 45er *(M 1905)*, und gleich zu Beginn des nächsten Jahrzehnts gelang mit der weiterentwickelten Waffe endlich der große Wurf. Nach einem Patent vom 14. Februar 1911 entstand das berühmte *Government Model of 1911*, dessen Produktion für militärische Zwecke im Dezember des gleichen Jahres anlief. Zivilisten mußten auf die *M 1911* bis März 1912 warten.

Eine Laufführungsbüchse *(barrel bushing)* im Verschlußstück anstelle des vorderen Kettenglieds, der schräg nach hinten abkippende Lauf und ein Griffstück in der noch heute gebräuchlichen Art genügten natürlich nicht, um die *Colt Government M 1911* auf unbestimmte Zeit konkurrenzfähig zu halten. Dazu bedurfte es zusätzlicher Patente wie über das manuelle Sicherungssystem vom 13. August 1913, aber auch mancher Eingriffe in die Technik. Schlug sich vorher zum Beispiel die mögliche Einwirkung von Sand, Schlamm, Salzwasser, Schnee oder extremen Temperaturen bei Militäreinsätzen ganz allgemein in großzügig bemessenen Herstellungstoleranzen nieder, so wurden die sportlich genutzten Waffen zunehmend enger gepaßt. Matchläufe kamen auf, verstellbare Visierungen und »leichtere« Abzüge, dazu neue Kaliber wie .22 long rifle, 9 mm Parabellum oder 10 mm Auto sowie unterschiedliche Lauflängen. 1924 machte ein griffig geschwungenes Schlagfedergehäuse, eine verlängerte Handballensicherung, ein neues Schlagstück *(hammer)* und ein neuer Lauf mit kürzerem Drall und geändertem Feld/Zugdurchmesser die *M 1911* zur *M 1911-A1*. 1929 schnürte Colt wieder ein Paket mit der neuen Patrone .38 Super Automatic. 1931 schrumpfte der Lauf der *Service Ace* auf .22 l.r. 1933 schossen die amerikanischen Sportschützen erstmals die *.38 Super-* und *.45 National Match*. 1941 markierte die 4 1/4-zöllige *Commander* einen weiteren Höhepunkt. 1949 ging die verbesserte *Combat Commander* in Serie. 1957 begann die sportliche Karriere der auch international erfolgreichen *Gold Cup National Match*. Und 1984 drängte die kurzläufige *Officer's ACP* (3 7/8 Zoll) auf den Gebrauchspistolenmarkt. Allgemeine Änderungen nach 1970 betrafen die *Series 70* und *80*, und gegen Aufpreis kamen noch die Stainless- und Two-Tone-Modelle hinzu. Die abgesetzten Stückzahlen belaufen sich auf 2,7 Millionen bis zum Ende des Zweiten Weltkriegs und über fünf Millionen insgesamt.

Colt Government Model of 1911

Aufbau und Funktion der 1911er variieren so wenig, daß die Entwicklung am Basismodell aufgezeigt werden kann. Die charakteristische Form der Waffe ergibt sich aus dem gegossenen Stahlgriffstück, das zur Aufnahme eines Magazins für sieben Patronen im Kaliber .45 ACP ausgelegt ist; die im Wettbewerb mit den sechsschüssigen Revolvern geforderte Mindestkapazität. Der seitlich durch hölzerne oder Kunststoffgriffschalen abgedeckte Magazinschacht steht im Winkel von 108 Grad zur Laufachse; ein idealer Wert sowohl für die Patronenzuführung als auch für die Handlage der Pistole. Ein Leichtmetallgriffstück der gleichen Bauart senkt das Gewicht der geladenen *Commander Lightweight* (1941) für angenehmeres Führen im Dienst von knapp

Rechts:

Colt Government Model of 1911 (M 1911)

1 Lauf
2 Laufführungsbüchse
3 Laufgelenk (Kette)
4 Achse
5 Unterbrecher
6 Auswerfer
7 Stift
8 Auszieher
9 Schlagbolzen
10 Schlagbolzenfeder
11 Schlagbolzenplatte
12 Korn
13 Handballensicherung
14 Hammer
15 Achse
16 Schlagfederstange
17 Stift
18 Magazin
19 Magazinhalter
20 Haltebolzen
21 Feder
22 Zubringer, darunter Magazinfeder
23 Ladekontrolle
24 Schlagfeder
25 Schlagfederteller
26 Stift
27 Schlagfedergehäuse
28 Stift
29 Schlagfederauflage
30 Schließfederbüchse
31 Feder (Daumensicherung/ Schlittenfanghebel)
32 Federführung
33 Kimme
34 Griffstück
35 Schließfeder
36 Schließfederführung
37 Daumensicherung
38 Druckstift (Daumensicherung)
39 Abzugstollen
40 Achse
41 Abzugstollenfeder (Dreischenkelfeder)
42 Verschlußstück
43 Schlittenfanghebel
44 Druckstift (Schlittenfanghebel)
45/46 linke und rechte Griffschale
47 Schraube
48 Gewindeeinsatz
49 Abzug (Trigger mit bügelförmiger Abzugstange)

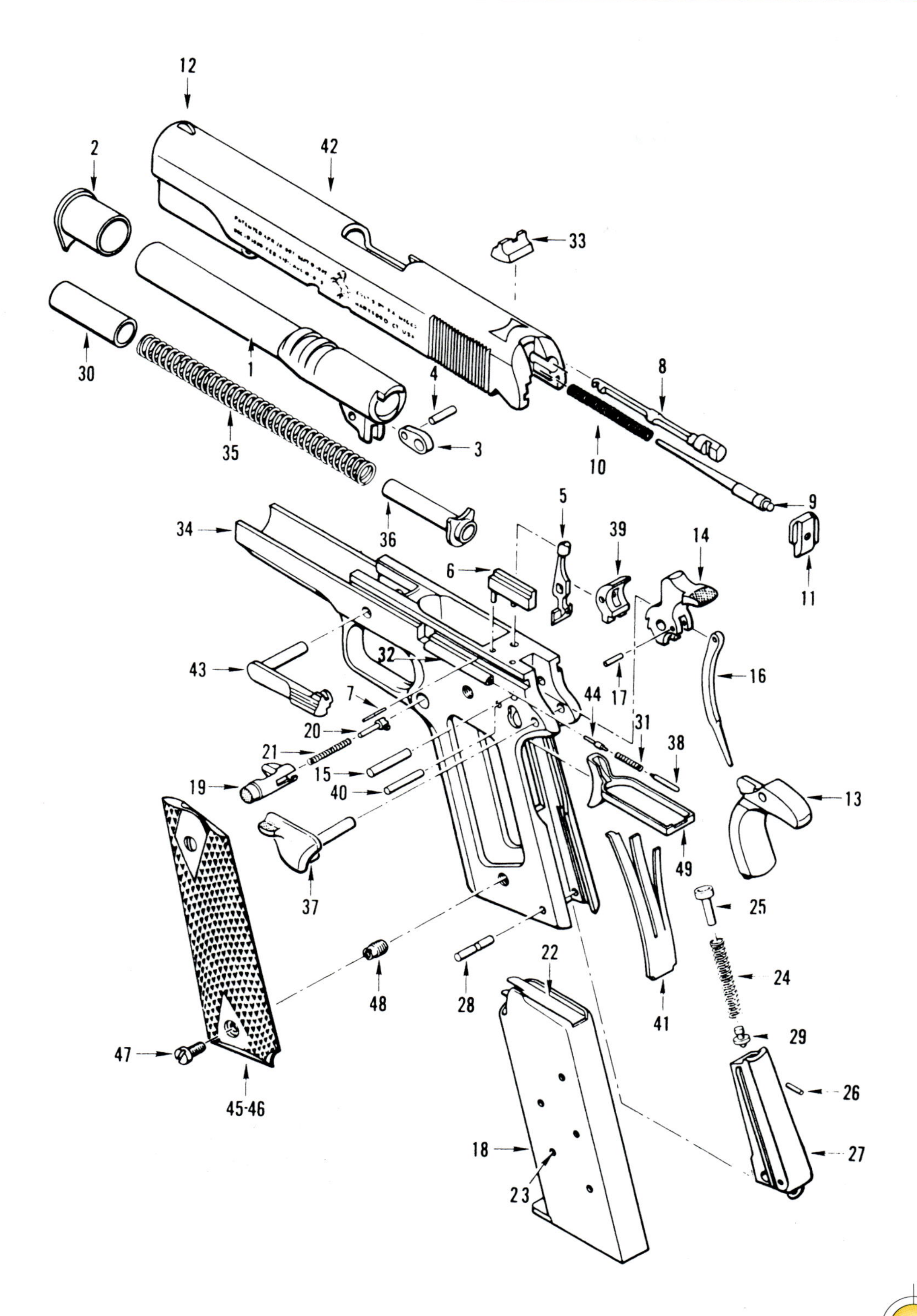
12
2
42
33
30
1
4
8
35
3
10
5
9
34
36
39
14
6
11
43
32
16
17
44
7
31
20
38
21
15
19
40
13
49
37
25
22
48
28
24
41
29
47
26
45-46
18
27
23

Colt Government 1911-A1.

1000 auf 765 Gramm. Vor dem Magazinschacht liegt griffgerecht in Höhe des Abzugs der Knopf des gefederten Magazinhalters und an seiner Rückseite das Schloß des Single-Action-Abzugsystems mit der Schlagfeder *(mainspring)* im separaten Gehäuse. Der um das Magazin geführte Abzug, bestehend aus Trigger (je nach Ausführung unterschiedlich lang, aus Stahl oder Leichtmetall und bei der *Gold Cup National Match* mit Triggerstop) und Bügel (Abzugstange), gleitet in zwei Nuten horizontal zum Schloß und sollte möglichst leichtgängig sein.
Die Schloßteile sind im Griffstück so gelagert, daß der senkrecht stehende Abzugstollen *(sear)* oben je nach Stellung des Hammers (gespannt, teilgespannt oder entspannt) in die Spannrast, Fangrast oder über die Fangrast greift. Eine Verbindung zwischen Abzug und Abzugstollen entsteht dagegen nur bei gewollter Schußabgabe

Griffstück und Verschlußstück (A1).

Lauf mit Verriegelungswarzen (A1).

und verriegeltem Lauf durch den vom Verschlußstück gesteuerten Unterbrecher *(disconnector)*. Dieser schnellt in der vorderen Endlage des Verschlußstücks hoch und überbrückt dabei den Sicherheitsabstand zwischen der hinteren Anlagefläche der gegabelten Abzugstange und zwei Mitnehmern an der Unterseite des Abzugstollens.

Für die Beschleunigung sorgt die mittlere Zunge einer dreischenkligen Blattfeder *(sear spring)*, die links den Abzugstollen in Position hält und rechts die Handballensicherung *(grip safety)* aktiviert. Ihr Druck auf Unterbrecher und Abzugstollen bestimmt zusammen mit dem Gleitwiderstand der Abzugstange, der Rastqualität von Hammer und Sear und der Schlagfeder den Abzugswiderstand. Zur Fixierung der Dreischenkelfeder dient das Gehäuse der Schlagfeder, die über die angelenkte Schlagfederstange *(strut)* auf den Hammer wirkt.

Verriegelungsnuten im Verschlußstück (A1).

Eine knifflige Angelegenheit in Funktion und Einbau ist das schloßnahe manuelle Sicherungssystem. Beide Sicherungen, die für die Betätigung durch den rechten Daumen ausgelegte Flügelsicherung *(thumb safety)* und die Griff- oder Handballensicherung drehen sich um eine Achse, die vom Drehhebel der Daumensicherung durch eine Bohrung weit hinten im Griffstück führt. Die Daumensicherung läßt sich nur bei gespanntem Schloß nach oben drücken und hindert in dieser Stellung den Abzugstollen durch einen ins Griffstück ragenden Nocken an der zur Schußabgabe erforderlichen Drehung. Gleichzeitig schwenkt der Drehhebel oben in eine Ausnehmung am Verschlußstück und legt es fest. Die Handballensicherung blockiert den Abzug unabhängig von der Schloßspannung und gibt die Abzugstange erst frei, wenn die zupackende Hand die Sicherung so tief ins Griffstück drückt,

Laufhaken mit Steuerkurve und Kette (A1).

daß die daraus resultierende Drehung die Sicherungsnase über die Stange hebt. Zur Demontage, die dann auch das Schloß zugänglich macht, wird am besten das Schlagfedergehäuse gelöst, der vom Federdruck befreite Hammer in Spannstellung gebracht, die Flügelsicherung aus der Arretierung gedrückt und ihr Sperrnocken mit Fingerspitzengefühl aus seiner Führung und den benachbarten Schloßteilen gedreht. Mit der ausgehobenen Daumensicherung fällt auch die Handballensicherung. Weitere Sicherungen sind die Unterlänge des Schlagbolzens *(firing pin)*, der nur bei voller Beschleunigung durch den Hammer aus dem Stoßboden tritt, und die automatische Schlagbolzensicherung der *Series 80*. In diesen Pistolen übertragen zusätzliche Hebel auf der Hammer- und Abzugstollenachse den Bewegungsablauf der Schloßteile auf einen federbelasteten Sperrstift im Verschlußstück und geben den Schlagbolzen erst unmittelbar vor dem Auftreffen des Hammers frei.

Das stählerne Verschlußstück gleitet als Teil des Verriegelungssystems sowie zum Hülsenauswurf und Nachladen auf zwei Schienen am Griffstück vor und zurück und wird in Anlehnung an seine amerikanische Bezeichnung Slide auch Schlitten genannt. Für die Bewe-

Abzugsystem (A1).

Hammer und Abzugstollen (A1).

Steuerschiene für den Unterbrecher (A1).

Auszieher, Schlagbolzen und Zubehör (A1).

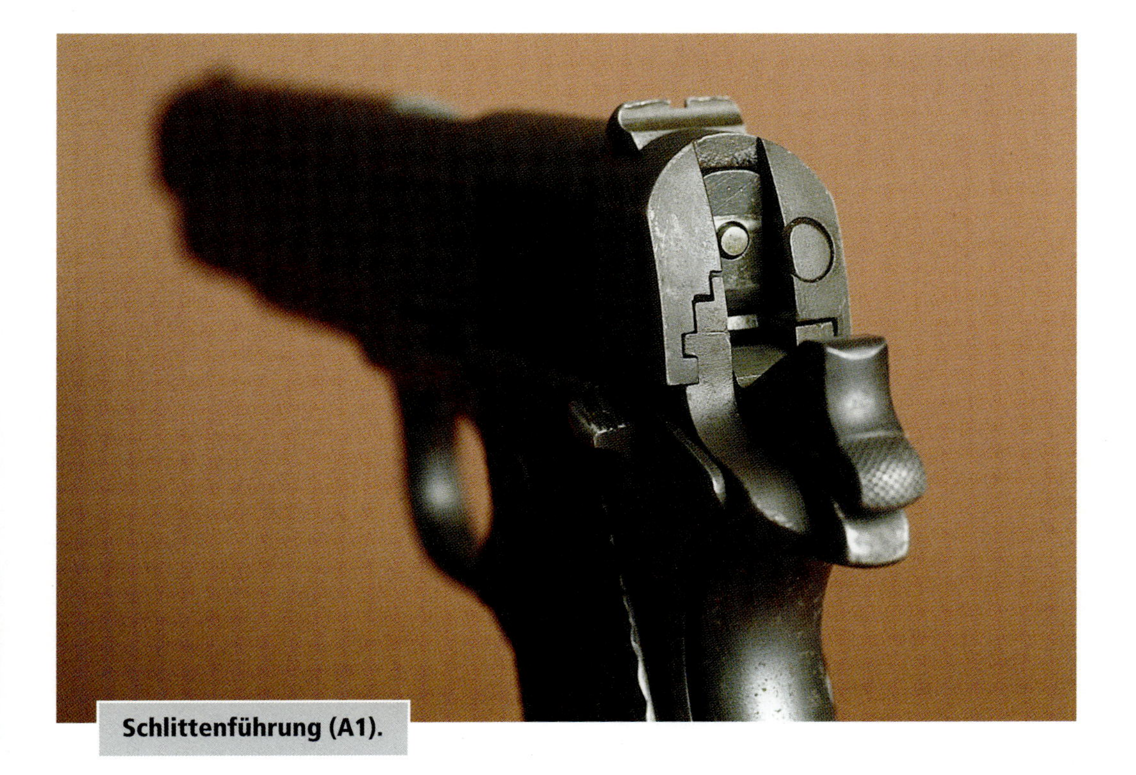
Schlittenführung (A1).

gungsenergie sorgt zunächst der Restgasdruck der abgefeuerten Patrone. In dieser Phase wird der vorn im Verschlußstück schwimmend gelagerte Lauf durch die Drehung der Kette zwischen Patronenlager und Griffstück gekippt und aus der Verriegelung gezogen. Der allein weiterlaufende Schlitten spannt das Schloß, drückt den Unterbrecher aus den Mitnehmern des Abzugstollens, zieht mit der Kralle die Patronenhülse zum Auswerfer und ent-

Colt Series 80 Government Model .45.

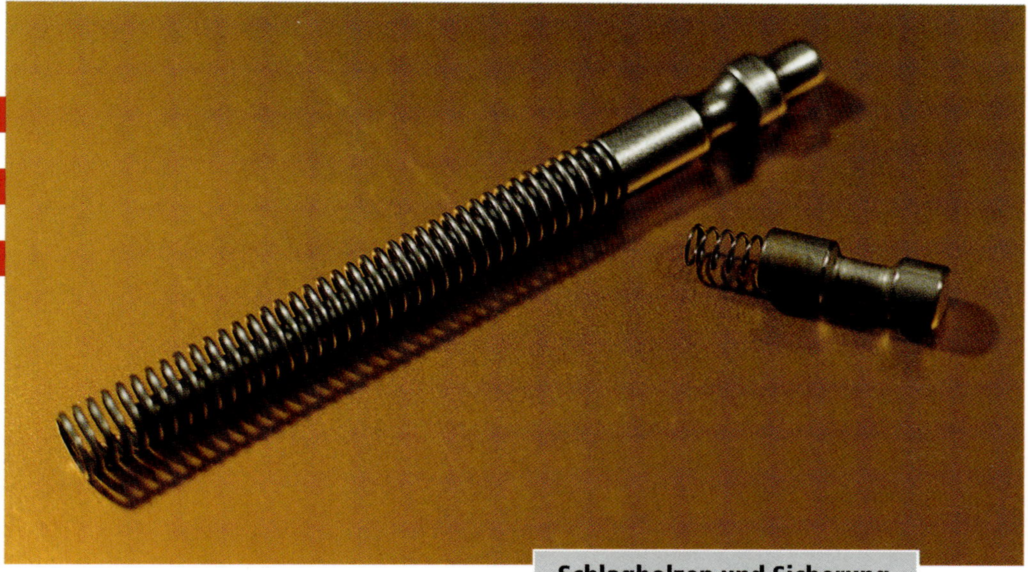

Schlagbolzen und Sicherung (Series 80).

ledigt sich ihrer durch das Auswurffenster. Nach der Wende treibt die Schließfeder *(recoil spring)* den Schlitten wieder vor, wobei die nächste Patrone von der Unterkante des Stoßbodens aus den Magazinlippen gestreift und über die Rampe am Griffstück dem angeschrägten Patronenlager zugeführt wird. Der Zyklus endet mit der erneuten Verriegelung und Reaktivierung des Abzugsystems durch den in der Schlittenendlage ausfedernden Unterbrecher. Bei leergeschossenem Magazin rastet der vom Zubringer hochgedrückte Fanghebel *(slide stop)* im Schlitten ein und hält ihn offen.

Lauf und Schließfeder liegen im Verschlußstück übereinander und werden im Mündungsbereich in Büchsen geführt. Von besonderer Bedeutung sind dabei der Sitz der Laufführungsbüchse und das Spiel zwischen Büchse und Lauf, denn sie bestimmen im Zusammenwirken mit der Laufqualität, der hinteren Laufpassung und dem Schlittenlaufspiel weitgehend die Präzision beim Schuß.

Nicht ohne Grund nennt man die *Government* in respektloser Fortsetzung der Colt-Schlangenreihe über die *Anaconda* hinaus auch »Klapperschlange«...

Sicherung im Verschlußstück (Series 80).

Allzu knapp sollte der Lauf wegen seiner hohen mechanischen und thermischen Beanspruchung aber nicht gepaßt sein. Das Werkstatthandbuch »*The Colt .45 Automatic*« von Jerry Kuhnhausen empfiehlt einen Ringspalt von nicht weniger als 0,8 Millimeter, um das Kippen, Schwingen und den Wärmeverzug ohne Beeinträchtigung der Waffenfunktion aufzunehmen. Eine Änderung, die bei größerer Spaltbreite zweckmäßigerweise auf der Drehbank unter Verwendung einer Übermaßbüchse erfolgt, macht nur Sinn, wenn die Büchse selbst stramm im Verschlußstück sitzt. Mißt ihr Spiel mehr als 0,03 Millimeter oder läßt sie sich ohne Schlüssel leicht drehen, kann das hintere Ende mit einem konischen Dorn aufgeweitet werden. Derartige Maßnahmen sind bei der geschlitzten Büchse der *Series 70* und *80* nicht erforderlich. Dieses Teil wird mit der auslaufenden Schlittengleitphase durch

Sicherungshebel im Griffstück (Series 80).

den vorn bis zu einem Zehntel dickeren Lauf so weit gespreizt, daß die nach außen gedrückten Segmente praktisch am Verschlußstück anliegen. Alle Laufführungsbüchsen – kurze für die *Officer's* und *Commander,* lange für die *Governments* von 1911 bis *Series 80* – haben Bajonettverschluß und werden durch die überstehende Schließfederbüchse gesichert.
Wertet Kuhnhausen den Anteil der Laufführungsbüchse an der Präzision der Waffe mit 20 Prozent am Sitz und zehn gegenüber dem Lauf, so entfallen 40 Prozent auf die hintere Laufpassung und die Verriegelung. Den Rest teilen sich der Lauf selbst und die Schlittenführung. Bei einer guten Paarung liegt das Seitenspiel des Laufs im Verschlußstück zwischen 0,15 und 0,3 Millimeter und der Abstand vom Stoßboden bei 0,1 Millimeter. Höhe und Dauer der Verriegelung hängen vom Laufhakenprofil und Fanghebelanschlag am Lauf-

haken ab, wobei die Verriegelungshöhe zur gleichmäßigen Druckverteilung auf die Verriegelungswarzen und -nuten wenigstens einen und der Schlittenrücklauf bis zur Entriegelung drei Millimeter betragen soll. Über den Fanghebelanschlag kontrolliert der Laufhaken auch die korrekte vordere Endlage des Verschlußstücks, wogegen sich der Lochabstand des Kettenglieds nach dem über die Fanghebelachse gleitenden Laufhakenprofil richtet. Der entriegelte Lauf soll leicht zur Rampe versetzt im Laufbett liegen.

Auf dem Weg zur Sportpistole

Am Beispiel der Laufführungsbüchse wird deutlich, wie wichtig die regelmäßige Wartung, gegebenenfalls ein Austausch bestimmter Teile innerhalb der Produktionspalette oder sogar deren Überarbeitung gewissermaßen als erste Tuningstufe für die einwandfreie Funktion der Pistole sind. Im Vordergrund steht dabei sicherlich das Abzugsystem, das allenfalls in der *Gold Cup National Match* höheren sportlichen Ansprüchen genügt. Anstelle von Kritik aber nochmals der Hinweis auf die ursprünglich militärischen Anforderungen an die Waffe und ihre Handhabungssicherheit unter Extrembedingungen – auch durch ein Abzugsgewicht bis 3000 Gramm.

Als erster Schritt zu einer spürbaren Verbesserung der Abzugscharakteristik bietet sich die Verringerung der Reibung an den Gleitstellen der Abzugstange an. Ursachen dafür können mangelnde Paßform des Bügels oder Grate und sonstige Unebenheiten in den Ausfräsungen am Griffstück sein. Außerdem sind bei Colt selbst, den Lizenznehmern und im Zubehörhandel Tauschabzüge unterschiedlicher Länge, mit Triggerstop und aus High-Tech-Werkstoffen wie Compolite und Titan (zum Beispiel Chip McCormick) oder als aufwendige Konstruktion mit angelenktem Trigger (Gun Craft) erhältlich. Für besonders leichte Teile sprechen ihre geringe Massenträgheit, die bei einem Abzugsgewicht um oder unter 1000 Gramm die Gefahr des Durchfallens im Moment der Verriegelung herabsetzen soll, aber auch eine Verkürzung der Schußzeit bei gleichzeitiger Verwendung eines leichten Hammers und Schlagbolzens. Als Nachteil droht Zündausfall durch Energieverlust.
Der Umgang mit Hammer und Abzugstollen erfordert schon größeres handwerkliches Geschick. Grundsätzlich gilt, daß beide Teile annähernd spielfrei lagern und gegebenenfalls nur paarweise ausgetauscht werden sollen. Bei der Revision einer *Gold Cup Series 70* oder *80* ist ferner darauf zu achten, daß diese Waffen einen Abzugstollen mit Anschlag und Feder *(depressor)* besitzen. Das Lagerspiel hängt weitgehend vom Achszustand ab. Dabei signalisieren gleichmäßige Laufspuren

noch keinen übermäßigen Verschleiß. Einseitig eingelaufene oder stark riefige Pins werden dagegen möglichst durch neue ersetzt, die ebenfalls spielfrei lagern sollen. Der Kopf der Hammerachse steht leicht über, damit die Daumensicherung bei ihrer Drehung nicht unnötig am Griffstück reibt. Ein ausreichend großer Spalt zwischen Achskopf und Sicherung verhindert permanenten Druck auf den Sitz.

Raststellung und -eingriff werden normalerweise auf einer Lehre mit Pins im richtigen Maß und Abstand geprüft. Notfalls tun es auch zwei genormte Stifte oder zwei gut im Griffstück sitzende Achsen mit außenbords aufgesetztem Hammer und Abzugstollen. Entsprechen beide dem Original und weisen keinen höheren Verschleiß auf, so liegt die rechtwinklig zur Achse geschliffene Rastfläche an der Spitze des Abzugstollens plan und wenigstens 0,5 Millimeter (bei der *Gold Cup* 0,45 Millimeter) tief in der Spannrast des Hammers. Abweichungen ergeben sich oft aus unsachgemäßer Nachbearbeitung bis zur Unterschreitung der empfohlenen Mindestlänge des Abzugstollens von 10,3 Millimetern zwischen Rastfläche und Achsmitte. Andererseits machen die fachgerechte Zurücksetzung eines zu tiefen Rasteingriffs und das Polieren der Rastflächen ohne Veränderung der Winkel und Kanten aus einem schleppenden Abzug beinahe schon einen »trockenen«.

Gegenüber der Spannrast, die an allen Colt-Serienschlagstücken zwischen 0,8 und 1,3 Millimeter hoch ist, wechselt die Fangrast je nach Typ in Form und Höhe. Ursprünglich in das Sicherungssystem eingebunden, fängt sie den Standardhammer mit ihrer vorstehenden Kante und einer Minimalhöhe von zwei Millimetern beim Sturz oder mißglückten Entspannen der Waffe zuverlässig ab und verringert auch die Gefahr des Doppelns durch den Rückschlag des Abzugstollens *(sear bounce)*. Manipulationen sind hier unangebracht. In den Modellen der *Series 80* mit automatischer Schlagbolzensicherung stoppt die eher rudimentäre Fangrast nur noch den durchfallenden Hammer beim Sear Bounce. Die Rast ist 1,7 bis 1,9 Millimeter hoch und trägt keine vorstehende Kante mehr. Und an den Hämmern der *Gold Cup Series 70* und *80* ist die Fangrast auch seitlich zurückgesetzt, wobei Höhe und Profil wiederum dem Standard *(Series 70)* oder der *Series 80* entsprechen. Tuner verbessern die Abzugscharakteristik der neueren Modelle durch Ausbau der automatischen Schlagbolzensicherung und Wiederherstellung des alten Sicherungssystems unter Verwendung eines Matchhammers mit wirksamer Fangrast aus dem Angebot renommierter Hersteller.

Durch das ständige Auf und Ab zwischen der Steuerschiene im Schlitten und den Mitnehmern des Abzugstollens unterliegt auch der Unterbrecher einem gewissen Verschleiß. Außerdem können die Übergänge an der Steuer-

HARTFORD, CONN. U.S.A.
FN03788E

Colt Series 80 Gold Cup National Match .45.

schiene und ihrer Nut *(timing slot)* sowie die Unterbrecherbohrung im Griffstück *(disconnector port)* ausgeschlagen sein. Bei der Inspektion des Unterbrechers ist also die Überprüfung der Gesamtlänge ratsam, die wenigstens 32,7 Millimeter betragen soll, um während des Repetierens weiterhin den Abzug vom Schloß zu trennen. Ein Neuteil mit Übermaß muß so eingepaßt werden, daß der Kopf nur unter Federdruck und keinesfalls auf Anschlag an der Steuerschiene zur Anlage kommt. Für die Kontaktflächen gegenüber dem Abzugstollen, der Abzugstange und der Feder empfiehlt sich die gleiche Oberflächenqualität wie an den Rasten, und über ausgeprägte Schlagspuren am Schlitten oder ein Langloch im Griffstück (maximal 4,9 Millimeter) freut sich der Büchsenmacher.
Während die vorgenannten Arbeiten hauptsächlich der Verbesserung der Abzugscharakteristik dienen, nimmt die Abzugstollenfeder mehr Einfluß auf den Abzugswiderstand. Von Colt werden unterschiedliche Ausführungen in Blechdicke (0,9 bis 0,95 Millimeter) und Zungenbiegung angeboten, wobei ein sparsames Nachbiegen besonders des linken Schenkels das Abzugsgewicht erheblich verändert. Zur Entspannung von 1360 auf 1000 Gramm genügt oft schon ein Millimeter. Erfahrene Schützen besitzen mehrere solcher Federn, um der jeweiligen Sportordnung durch einfaches Auswechseln zu genügen.

Da das Browning-System statt einer dauerhaften Verbindung von Lauf und Griffstück nur eine zeitweilige Verriegelung vorsieht, addieren sich die Toleranzen an den Nahtstellen oft zu Werten, die sich beim Präzisionsschießen in indiskutablen Streukreisen niederschlagen. Hierbei müssen allerdings wieder die unterschiedlichen Anforderungen an die Gebrauchspistolen, Sportpistolen in der Art der *Gold Cup* und Matchpistolen aus dem Custom Shop berücksichtigt werden. So liegen die Richtwerte für das serienmäßige Höhen- und Seitenspiel der Standardverschlußstücke zwischen 0,1 und 0,15 Millimetern und verringern sich bei den Sportmodellen bis auf 0,02 Millimeter. Zur Optimierung bieten sich neben dem kostspieligen Austausch von Griff- oder Verschlußstück das preiswertere Ausfüttern der Führungen mit speziellen Einlagen oder Aufchromen an.
Weitere Möglichkeiten bestehen im Tieferlegen oder Quetschen des Schlittens, die aber auch die Gefahr irreparabler Schäden bergen. Besonders das Absenken zur Verringerung des Höhenspiels erfordert beste handwerkliche Voraussetzungen, da bei dieser Methode die Schienen entweder mit einem plangeschliffenen Hammer oder einem profilierten Meißel um den erforderlichen Betrag heruntergeschlagen werden. Sicherheitshalber bleibt der kritische Bereich um den Magazinschacht und das Fanghebelfenster ausgenommen. Analog dazu wird der Abstand zwischen Griff- und Ver-

schlußstück neu vermessen und bei Bedarf an den Schlittenunterkanten nachgearbeitet. Qualitative Race Guns nutzen diese Flächen ohnehin als zusätzliche Schlittenführung. Die Rücknahme des Seitenspiels erfolgt stufenweise zwischen den Kunststoff- oder Leichtmetallbacken des Schraubstocks. Nach fachmännischer Reparatur gleitet das vertikal wie horizontal annähernd spielfreie Verschlußstück bei stärkerer Neigung allein vom Griffstück.

Derartige Maßnahmen wirken sich möglicherweise negativ auf die Laufpassung aus. So muß unter allen Umständen Druck in beide Richtungen vermieden werden: nach oben durch die Verriegelungsflächen am Lauf, nach unten durch das Laufhakenprofil und die Laufauflage im Griffstück. Denn jeder Druck hemmt, blockiert oder beschädigt das System.
Hier ist der erfahrene Büchsenmacher gefragt.

Teilemarkt

Aus den Bedürfnissen des Praktischen Schießens mit Faustfeuerwaffen entwickelte sich in den vergangenen zwei Jahrzehnten ein Markt, der zuerst in den USA und mittlerweile auch in anderen Ländern weit über die Ersatzteilversorgung und den normalen Zubehörhandel hinaus Herstellern und Tunern beinahe alles bietet, was sie für ihre immer anspruchsvollere Kundschaft benötigen. Durch ihre immense Erfahrung im Umgang mit der guten alten Government beherrschen die Amerikaner dabei uneingeschränkt das Colt-Segment, während die Europäer nach eher spärlichen Anfangserfolgen auf CZ-Basis weiterhin die berühmte Marktnische suchen. Daher ist es kaum verwunderlich, daß unter den Markennamen des dynamischen Pistolenschießens Eindringlinge wie die kanadische *Para-Ordnance Manufacturing Incorporated* äußerst selten sind.

Griffstücke

PARA-ORDNANCE (P.O.). IPSC-Stages sind meist so angelegt, daß die ursprüngliche 1911er Magazinkapazität nicht ausreicht. Gelegentlich hilft ein vorgeschriebener Magazinwechsel

Para-Ordnance-Griffstück in »Gun Smith Quality« mit angelöteten Verstärkungen für die beidseitige Montage eines Leuchtpunktvisiers.

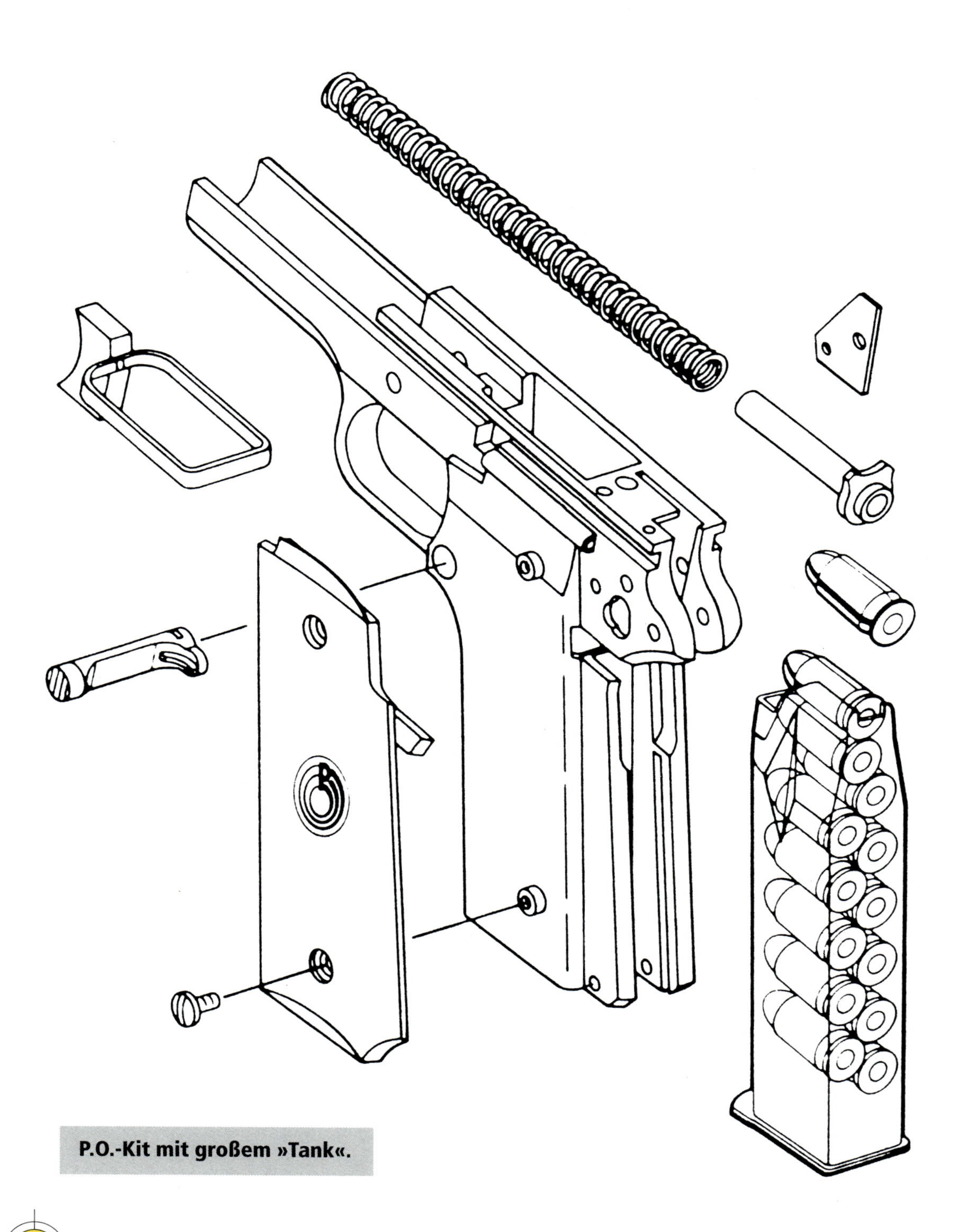

P.O.-Kit mit großem »Tank«.

darüber hinweg, bisweilen die in der Offenen Klasse zugelassenen verlängerten Magazine oder Magazinböden. In der Regel aber droht Zeitverlust, der nur durch größere Feuerkraft vermieden werden kann. So beendete 1989 ausgerechnet Para-Ordnance mit einem »Großraumgriffstück« für geklonte Governments ein kurzes Zwischenhoch der zweireihigen Neunmillimeter-Gebrauchspistolen. Anfänglich noch aus Leichtmetall und für 13/17 Patronen der Kaliber .45/.38 im zweireihigen Magazin ausgelegt, setzte sich schließlich die gegossene und brünierte Stahlvariante der ersten (1991) und zweiten Generation (1993) durch. Para-Ordnance selbst baute eine ganze Pistolenreihe darauf auf, Springfield übernahm das Griffstück für seine High Capacity und High Capacity Factory Comp (1994), und für die Tuner war und ist es die preiswerteste Basis für Stock-, Modified- und Race Guns in allen gängigen Kalibern. Die aktuelle Ausführung unterscheidet sich von der ersten Generation durch eine bessere Handlage (höherer Ansatz des Abzugsbügels, abgerundete Vorderkanten, schmälere und dünnere Griffschalen), eine Verringerung der Gesamtbreite von 38 auf 34 Millimeter und seitliche Ausnehmungen in Höhe des Triggers. Weniger vorteilhaft ist die weiterhin zu schwache Abdeckung des Schließfedersystems *(dust cover),* denn sie trägt zumindest die schwereren Leuchtpunktvisiere nach wie vor nur mit angelöteter Verstärkung. Und auch am Gewicht von 402 Gramm ohne Magazin scheiden sich die Geister.

CASPIAN. *Caspian Arms Limited* in Hardwick/Vermont konterte gewissermaßen als Vorhut der Amerikaner noch 1991 den kanadischen Vorstoß und begegnete der Herausforderung mit der »unbelievable Firepower« von 19 Patronen im zweireihigen Magazin eines gegossenen Griffstücks aus Karbonstahl 4130 oder Stainless Steel; eine Leichtmetallausführung setzte sich wie bei Para-Ordnance gegen die bevorzugten Major-Laborierungen der IPSC-Schützen nicht durch. Das konsequent nur für die Neunmillimeter-Kalibergruppe gebaute Griffstück zeichnete sich bereits in der ersten Generation durch die bis heute wohl beste ergonomische Form sämtlicher High-Capacity-Tanks und einen integrierten Magazintrichter *(jet funnel)* aus. Weitere bemerkenswerte Details waren die magazinfreundlich unterbrochene Schlittenführung, das Leichtmetall-Schlagfedergehäuse und die auf Anhieb gelungenen 33,5 Millimeter Griffbreite durch die auch optisch perfekt eingepaßten dünnen Holzgriffschalen. Schon 1992 belieferte Les Baer, zuvor Leiter des Springfield Armory Custom Shop und inzwischen selbständiger Pistol Smith, den deutschen Markt mit Matchpistolen auf Caspian-Basis, die sozusagen »aus der Schachtel« gleich in anspruchsvollen Wettkämpfen geschossen werden konnten. Seit 1993 bedienen sich Les

Weißfertiges Caspian-Griffstück mit verstärktem Dust Cover.

Baer und seine Kollegen der zweiten Generation, die neben kleineren Modifikationen einen beinahe geschlossenen Magazinschacht und einen eckigen Abzugsbügel aufweist. Dieses Griffstück liegt mit 450 Gramm ohne Magazin noch deutlich über dem Para-Ordnance und beeinflußt die Gewichtsverteilung der fertigen Waffe entsprechend.

CHIP McCORMICK. Als Designer und Lieferant erstklassiger 1911er Tuningteile aus so hochwertigen Werkstoffen wie besonders zähem Werkzeugstahl, Titan oder schlagfestem Kunststoff tendierte der frühere IPSC-Schütze Chip McCormick 1992 auch beim Entwurf seines High-Capacity-Griffstücks zu einer unkonventionellen Lösung. Unter seiner Leitung entwickelte die

Chip McCormick's »Modular Competition System« mit stählernem Oberteil und Kunststoffgriff.

Chip McCormick Corporation (CMC) in Austin/Texas gemeinsam mit der am gleichen Ort ansässigen *Tripp Research Incorporated (TRI)* ein »Modular Competition System«, das durch die Kombination von Stahl mit Kunststoff die Komplettwaffe um Gewichtsanteile der Leuchtpunktvisierung erleichtern und dadurch führiger machen sollte. Tatsächlich sparten CMC (Idee und Vertrieb) und TRI (Produktion) bis zu 165 Gramm gegenüber der Konkurrenz ein. Trotz anfänglicher Bedenken zeigte sich das Leichtbaugriffstück schnell allen Anforderungen gewachsen und überstand 1994 sogar die Trennung der Geschäftspartner unbeschadet. Chip McCormick versuchte sich mit einer Neukonstruktion gegen die angekündigte Verschärfung des amerikanischen Waffenrechts bezüglich der Magazinkapazität zu wappnen, und die Brüder Tripp fusionierten mit Sandy Strayer zu *Strayer Tripp International (STI).* Allerdings verlief der Start ins anvisierte Jahr 2011 nicht reibungslos. Sandy Strayer schied nach wenigen Monaten wieder aus, um mit Michael Voigt schon 1995 in Grand Prairie/Texas als *Strayer Voigt Incorporated (SV)* ein weitgehend baugleiches Griffstück und die Infinity-Pistolen herzustellen, und Virgil Tripp verkaufte »Genuine STI« 1997 ins ebenfalls texanische Georgetown an Dave und Shirley Skinner. Marketing Director Dave Dawson und Cheftechniker Ronnie Jones führen den Betrieb mit 31 Mitarbeitern weiter.

Das CMC-, STI- oder SV-Griffstück wird in Anlehnung an Glock und ähnliche Produkte oft und fälschlicherweise als

Stahleinlagen im Kunststoff.

Paßgenaue Verschraubung von Ober- und Unterteil.

Kunststoffgriffstück bezeichnet. Denn während bei jenen Pistolen die Griffstücke mit Ausnahme diverser Stahleinlagen komplett aus Kunststoff hergestellt sind, sieht Chip McCormick´s Modularbauweise zwei miteinander verschraubte Einheiten vor: oben ein Stahlteil mit Dust Cover, Schlittenführung, Fanghebelbohrung und Lagern für Schloß und Sicherungen analog Colt 1911, darunter ein gecheckerter Kunststoffgriff mit Abzugsbügel, Magazinschacht, Führungsnuten für die gegabelte Abzugstange und Halterungen für das aus dem gleichen Material hergestellte Schlagfedergehäuse. Das stählerne Funktionsteil *(frame)* wird in einer CNC-gesteuerten Bearbeitungsstation aus dem vollen gefräst, der Griff *(grip)* aus einem Kunststoff namens »Compolite« gespritzt. Für festen Halt sorgen die im Griffwinkel (Stoßrichtung) angelegte Profilierung der Kontaktstellen, zwei in den Kunststoff eingebettete Stahlplatten, die paßgenaue Verschraubung

Long-Dust-Cover-Version für »The Edge« und ihre Varianten.

dieser Einlagen mit dem Stahlrahmen und eine dritte Schraube vorn am Abzugsbügel. Wie bei Caspian ist die 89,5 Millimeter lange Schlittenführung im Bereich des Magazinschachts auf eine Länge von 33,5 Millimetern unterbrochen, anders als bei Caspian mißt der Dust Cover dort, wo für eine Pointmontage gebohrt werden muß, jedoch nicht 1,85, sondern 2,85 bis 3,5 Millimeter und bedarf keiner zusätzlichen Verstärkung. Das Griffstück ist bis .45 ACP zugelassen und faßt im zweireihigen Standardmagazin 14, 17 beziehungsweise 19 Patronen der Kaliber .45, 10 mm/.40 und 9 mm/.38.
Seit 1996 bieten STI und SV ihre Griffstücke auch mit einer Schließfederabdeckung bis zur Laufmündung an. Diese Long-Dust-Cover-Rahmen (LDC) werden bevorzugt mit »Slap«-Schlitten ohne Auskehlungen kombiniert und erhöhen die Kopflastigkeit der damit ausgestatteten Fünfzöller um 52 Gramm.

Die High-Capacity-Drillinge und ihre unterschiedlich großen Magazinöffnungen. Bei Caspian ist ein Jet Funnel angegossen.

Maße, Gewicht und Härte der High-Capacity-Griffstücke

Hersteller	Para-Ordnance	Caspian	System McCormick (Standard / LDC)
Länge Oberteil	161 mm	159 mm	159 / 201 mm
Gesamtlänge	171 mm	171 mm	171 / 213 mm
Breite	34 mm	33,5 mm	33 mm
Griffumfang	144 mm	142 mm	142 mm
Magazintrichter	37 x 25 mm	52 x 28 mm	43 x 28 mm
Gewicht	402 g *	450 g *	285 / 337 g **
Magazin	85 g	95 g	115 g
Härte	25 HRC	31 HRC	29 HRC

* *ohne Magazin*
** *Stahlteil, Kunststoffteil, Verschraubung, ohne Magazin*

Verschlußstücke

Im Reparaturfall wird für gewöhnlich alt durch neu ersetzt – der Schlitten einer *Gold Cup National Match* beispielsweise durch ein Neuteil aus der gleichen Serie. Die relativ großen Fertigungstoleranzen gestatten dies meist ohne besondere Nacharbeit. Beim Tuning und mehr noch beim Bau von

Aus dem Gesenk: Der geschmiedete und CNC-gefräste Les-Baer-Schlitten.

Custom Guns sind die Büchsenmacher jedoch auf Werkstücke angewiesen, die nicht nur aus widerstandsfähigem Material bestehen, sondern dieses partiell auch im Übermaß haben. Nur so lassen sich die für edle Pistolen geforderten engen Passungen und maßhaltigen Oberflächen realisieren. Diese vorgearbeiteten »weißfertigen« Verschlußstücke werden in der Regel aus dem Block oder einem Schmiederohling gefräst.

Zur ersten Kategorie zählt die Matchware von Caspian *(barstock slides)* und Strayer Tripp International, beide aus Karbonstahl 4140 und vor der Bearbeitung auf 39 Rockwell gehärtet. Geschmiedete Schlitten (40 – 43 HCR) liefern überwiegend Les Baer, Chip McCormick, Nowlin und Springfield. Konrad Krappman bevorzugt das Les-Baer-Verschlußstück, da es an Laufmündung und Unterseite den besten Schliff zeigt.

Läufe

Während Colt und seine Lizenznehmer ausschließlich Läufe verwenden, die vorn in einer Büchse lagern, werden die sportlichen Varianten größtenteils mit direkt im Verschlußstück gleitenden Alternativen bestückt. Konusläufe, auch als Bull Barrels bekannt, tun dies mit ihrem dickwandigen Mündungsbereich, und zwar hauptsächlich in Stock Guns und anderen unkompensierten Waffen. Für rückstoß- und hochschlaggedämpfte Pistolen bieten sich eher Läufe mit Schraubkonus an, der nach den Paßarbeiten auf einem langen Feingewinde mit der Mündungsbremse gekontert und verklebt wird. Prominente Ausnahmen sind die Schuemann-Hybrid- und Tribrid-Systeme, die mit Konus und Sattel für die Querbohrungen einteilig hergestellt werden, oder der Briley-Matchlauf mit beweglichem Führungsring *(spherical bushing)*

Nowlin-Matchlauf mit Feingewinde für Schraubkonus und Kompensator.

Briley-Spherical-Bushing mit beweglichem Führungsring.

in einer Büchse mit Bajonettverschluß. Weitere Unterschiede bestehen in der Ausführung des Laufhakens mit und ohne Zuführungsrampe, der Lauflänge, des Laufprofils, der Drehrichtung der Züge und der Drallänge (Geschoßweg während einer Umdrehung). Die bekanntesten Hersteller sind Les Baer, Barsto, Briley, Ed Brown, Clark, Chip McCormick, Nowlin, Schuemann, Storm Lake Machine (speziell für Para-Ordnance) und Wilson.

Mündungsbremsen

Faustfeuerwaffen besitzen die unangenehme Eigenschaft, beim Schuß weit aus dem Ziel zu springen – der verhältnismäßig hoch über dem Griffstück liegende Lauf übt eine große Hebelwirkung durch den Impuls aus. Mündungsbremsen dämpfen den Rückstoß und dadurch den Hochschlag, indem sie die Richtung der hinter dem Geschoß austretenden Pulvergase teil-

EGW-Kompensatorrohling, Schuemann-Hybricomp-System, STI-Dowson-Vierkammerkompensator.

weise ändern. Dabei leiten Prallflächen die abgelenkten Gase zu großen Öffnungen über den abgeschotteten Expansionskammern und an besonders gut ausgestatteten Modellen noch zu kleineren seitlichen Schlitzen. Welche Anteile Reflektion und Gasaustritt an der Rückstoß- und Hochschlagdämpfung aber konkret haben, ist ebenso umstritten wie die optimale Kompensatorwirkung durch Stellung, Abstand (Kammervolumen) und Anzahl der Prallflächen. Die unterschiedlichen Systeme wie drei Schrägflächen am Nowlin, vier senkrechte Flächen ohne Seitenaustritt bei Ed Brown oder vier senkrechte Flächen mit Seitenaustritt an der Frontkammer des STI-Dowson-Kompensators stellen dies eindrucksvoll zur Schau. Unstrittig sind dagegen die Durchmesser der Prallflächenbohrungen, die möglichst nahe am Kalibermaß unnötigen Gasschlupf verhindern sollen, und ihre Zentrierung auf die Lauf-

Schuemann-Tribrid- und Hybricomp-System. Der Hybridlauf trägt zusätzlich einen Drummen-Fünfkammerkompensator.

achse. Abweichungen beeinflussen das Strömungsverhalten und wirken sich negativ auf das Präzisionsschießen aus. Mündungsbremsen gibt es aus Stahl und Titan, um die Waffe nach Kundenwunsch auszubalancieren.
Die vier- bis elfmal geporteten Schuemann-Läufe – das Hybricomp-System mit angeschraubtem Kompensator und das Tribrid-System mit integrierter Mündungsbremse – sind erfolgreiche Beiträge zu noch schnelleren und präziseren Schußfolgen. Matthew McLearn wurde mit dem Wil-Schuemann-Patent 1993 in Bisley/Großbritannien für vier Jahre Weltmeister. Aus diesen Läufen entweicht ein Teil der Treibgase schon nach kurzem Geschoßweg und drückt sie zusätzlich nach unten.

Bausätze

Läufe und Kompensatoren werden nicht nur als Einzelstücke angeboten. Das Gros der Hersteller liefert auch Bausätze wie den Briley-Titanium-Compensator-Kit, Ed-Brown-Four-Star-Compensator-Kit, Clark-Drop-in-Comp-Kit, McLearn-4-Port-Compensator-Kit, Nowlin-Triple-X-Compensator-Kit oder Wilson-Drop-in-Barrel-and-Bushing-Kit. Diese Sätze beinhalten Lauf, Laufführung (Konuslauf, Schraubkonus oder Büchse), Kompensator und im allgemeinen auch ein Kettenglied sowie das Schließfedersystem. Caspian setzt mit dem Hybrid Top End System noch eins drauf: der Schuemann-Hybridlauf ist schon einbaufertig in ein Caspian-Verschlußstück eingepaßt. Bei *Evolution Gun Works (EGW)* gibt es sogar einen »Blank Compensator«, einen Rohling mit Schraubkonus, der es dem Büchsenmacher erlaubt, den Kompensator beliebig zu stylen oder das ungeöffnete Teil für BDS-, BDMP- und DSB-Schützen nur als Laufgewicht anzupassen.

Kettenglieder und Achsen

Länge und Spiel dieser unscheinbaren Teile sind wichtige Größen in der formschlüssigen Führung des Laufhakens auf der Fanghebelachse. Daher zeigen die besseren Exemplare hohe Maßhal-

Wilson-Kettenglied an einem 45er Bull Barrel.

tigkeit und in einigen Fällen auch Übermaß für eventuelle Paßarbeiten. Wieder sind es die oft genannten Ed Brown, Clark, King's, Nowlin, Storm Lake Machine und Wilson, die ihre Läufe serienmäßig damit ausstatten oder wie Brownells (Match-grade Link Pins) und Al Marvel (National Match Barrel Links) abgestufte Sortimente liefern. Den Custom-Bereich beherrscht Wilson mit Kettengliedern, die breit genug sind, um nach der Bearbeitung mit dem gewünschten Spiel im Laufhaken zu schwingen, und Achsen, deren Durchmesser genau den Bohrungen der zugeordneten Kettenglieder entsprechen. Die Achsen werden am Laufhaken auf Festsitz eingerieben und nicht durch Körnerschläge laienhaft gesichert.

Langer und kurzer Schlittenfanghebel. Das brünierte STI-Teil ist mit der Achse verschraubt und kann an unterschiedliche Laufhakenprofile angepaßt werden.

Schlittenfanghebel

Die brünierte, rostfreie, vernickelte oder verchromte Steckverbindung zwischen Lauf, Verschluß- und Griffstück ist mehr als ein Hebel, der alles zusammen- und auf Verlangen den Schlitten offenhält: die Achse dient als Laufhakenauflage, der Flügel stützt den linken Daumen und der Kopf bestimmt, was nach dem letzten Schuß geschieht. Aus diesen Anforderungen ergibt sich, daß das Teil hart genug sein muß, um nicht vorzeitig einzulaufen, die Achse nicht durchs Griffstück »fallen« soll und der Kopf häufig noch einiger Feilenstriche bedarf. Ein fachgerecht eingepaßter Schlittenfanghebel kann seitlich nur verschoben werden, wenn seine Führungsnase direkt unter der dafür vorgesehenen Einfräsung am Verschlußstück steht. Andere seitliche Bewegungen stören womöglich die Drehung durch den hochfahrenden Zubringer des leergeschossenen Magazins, und ähnliche Versager können die Folgen zu großer Achsreibung und falschen Federdrucks sein. Letzterer entsteht, wenn der federbelastete Pin im Griffstück auf der unberührten oder angesenkten Stirnfläche nicht ausreichend oder zuviel Halt findet. Oft genügt schon ein leichter Schrägschliff, um den Hebel weder unmotiviert hochschlagen noch gegen den Magazinfederdruck verharren zu lassen.
Die meisten Schlittenfanghebel sind in kurzer und langer Ausführung erhältlich.

Schließfedersysteme

Das Angebot reicht vom kurzen Original bis zum langen System mit mechanischer oder mechanisch-pneumatischer Rückstoßdämpfung in einer Teleskopfederstange (Accu-Match, Iraqui Jack, Shock-Tec), von besonders leichten Arrangements mit beschichteten Leichtmetall- oder Titanstangen bis zum Einsatz von Wolfram *(tungsten)* in der Art eines zusätzlichen Laufgewichts. Allgemein neigen die Tuner jedoch zu den einfacheren Zusammenstellungen mit langer ein- oder zweiteiliger Federführungsstange, wobei erstere durch den Wegfall der nicht immer zuverlässigen Schraubverbindung zweifellos die elegantere Lösung ist. Eine kleine Querbohrung (bis 2,5 Millimeter), die bei »gefangenem« Schlitten freiliegt, gestattet es, die Einheit aus Führungsstange, Schließfeder und Schließfederbüchse (Stahl oder Titan) mit Hilfe eines Wartungsstifts gespannt aus dem Verschlußstück zu nehmen und später wieder ebenso mühelos einzusetzen. Anstelle stärkerer Dämpfer schonen allenfalls elastische Puffer wie Slide Buffers (Ed Brown), Blue Buffs (Dlask) oder Shok-Buffs (Wilson) das Griffstück. Die zweieinhalb Millimeter dicken und verhältnismäßig steifen Elastomere ziehen schnell hintereinander abgegebene Schüsse durch die nur unwesentlich verlängerte Stoßzeit noch nicht zu weit auseinander. In ordentlichen Pistolen sind die Federführungsstangen am

Lange Nowlin-Federführungsstange, Schließfederbüchse und Schließfedern. Vorn Wilson-Shok-Buffs.

Kopf angeschrägt, um Abstand vom Laufhakenprofil zu halten, und die Schließfederenden kratzfrei geschliffen.

Schließfedern

Handelsübliche Munition »läuft« nur in Gebrauchspistolen. Custom Guns, die Faktorladungen nach Sportordnung verschießen, sind mit Standardfedern weniger gut bestückt – zumal die kompensierten. Gasdruck, Federkraft und Verschlußmasse wollen bestmöglich aufeinander abgestimmt sein, und dazu liefern Firmen wie Nowlin, Wilson oder Wolff Schließfedern zwischen sieben und 22 Pfund. Unterschiedliche Trainings- und Wettkampflaborierungen verlangen meist auch unterschiedliche Federn.

Abzugsystem

Ungeachtet der Tatsache, daß die Geometrie durch die Kompaktbauweise weitgehend unveränderlich ist, bietet das 1911er Abzugsystem viele Verbesserungsmöglichkeiten. In der ganzen Mechanik vom Trigger bis zum Schlagbolzen gibt es kein Teil, das nicht in jeder gewünschten Ausführung im Zubehörhandel erhältlich und ganz nach dem Know-how des Büchsenmachers noch wirkungsvoller einzusetzen wäre. Dabei gilt es, sowohl die Zeit zwischen der Abzugsbetätigung und dem Auftreffen des Schlagbolzens auf dem Zündhütchen, die sogenannte Auslöse- oder Schußzeit, durch Verringerung von Reibung und Masse zu verkürzen, als auch die Abzugscharakteristik und den Abzugswiderstand nach den Erwartungen des Schützen auszulegen. Beide resultieren aus der Kraft, die zur Überwindung der allgemeinen Reibung, der Reibung an den Rasten unter Berücksichtigung der Rastwinkel sowie der auf Abzugstollen und Hammer wirkenden Federkräfte aufgebracht werden muß, und dem Weg, den der Abzug vom Ansprechen des Abzugstollens bis zur Freigabe des Hammers beschreibt.
Da der Achsabstand von 11,7 Millimetern gegeben und die Hebellänge des Abzugstollens von der Höhe seiner Rastfläche abhängig ist, bestimmen hauptsächlich der Abzugsweg, das Rastprofil und die Lagerspiele die Abzugscharakteristik. Abzugswege um einen Millimeter ergeben »trockene« Abzüge. Längere »ziehen«, wenn das Rastprofil dem steigenden Widerstand kein »schleppendes« Roll-over entgegensetzt, und übermäßige Lagerspiele bringen die Schloßteile zum »Kriechen«. Für den Abzugswiderstand sind vor allem Form, Stellung und Qualität der Rasten sowie die Federkräfte an Abzugstollen und Hammer verantwortlich.

Abzüge

Mit nur einer Ausnahme halten sich die Abzugspezialisten Caspian, Dlask, Gun Craft, King's, Chip McCormick, Pachmayr, STI, Videki und Wilson an die Parallelführung des Originals. Entwicklungsstand sind Ultraleichtabzüge aus Kunststoff, Aluminium und Elektron im Verbund mit Titan, die als Ultralight Match Trigger, Lightweight Trigger, Composite Trigger oder Titanium Match Trigger werben und kaum mehr als sechs Gramm wiegen. Ihre geringe Masse soll unter anderem das Doppeln durch Schlittenimpulse verhindern. Dagegen eignet sich der 1911 Auto Pivoting Trigger von Gun Craft besonders für Disziplinen, die mit begrenztem Abzugswiderstand geschossen werden. Die Hebelwirkung des angelenkten Abzugs senkt den erforderlichen Fingerdruck unterhalb des vorgeschriebenen Meßpunkts beträchtlich und erlaubt ein regelgerechtes Mogeln.

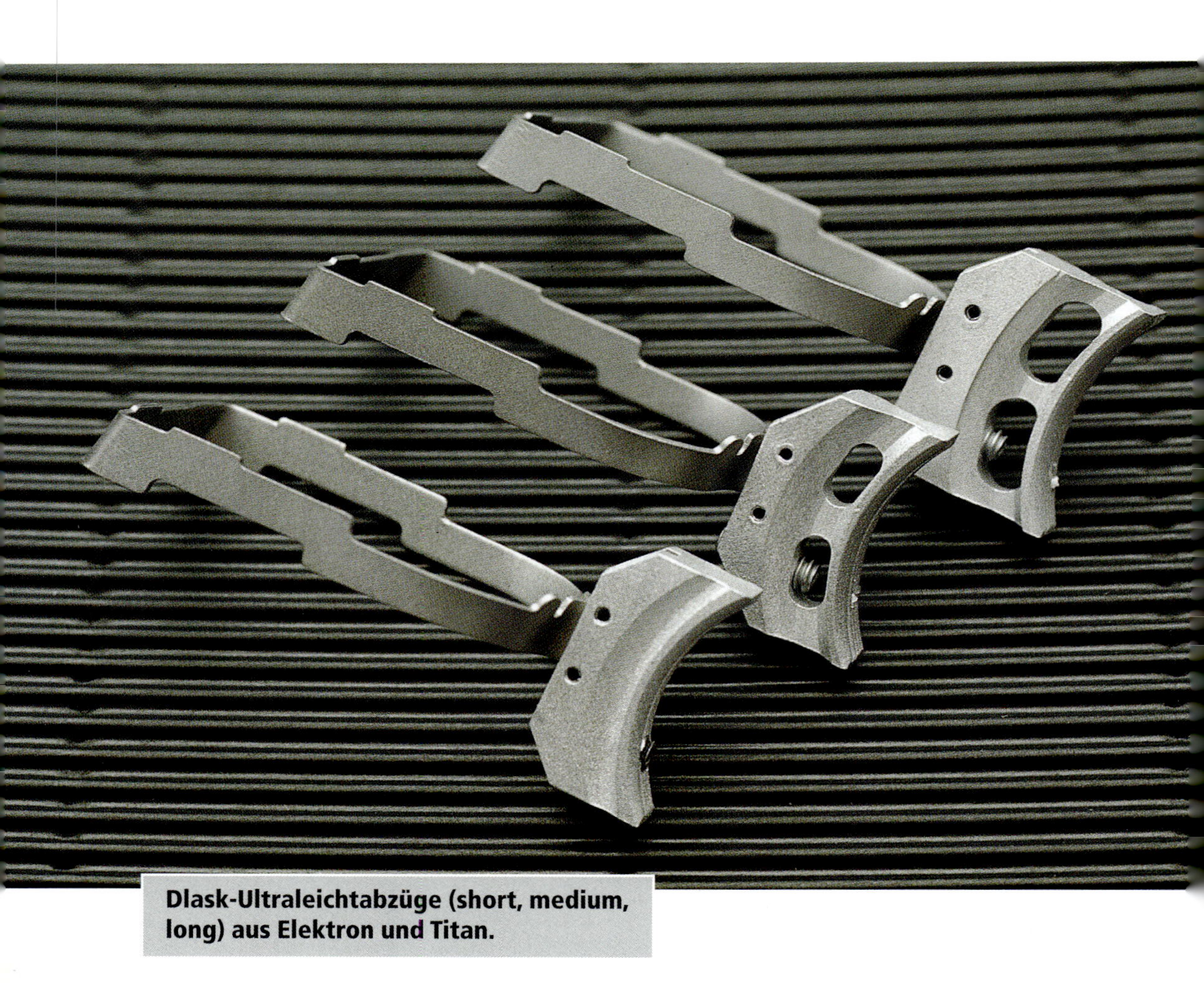

Dlask-Ultraleichtabzüge (short, medium, long) aus Elektron und Titan.

Um diese filigranen und intelligenten Gebilde auch effektiv einsetzen zu können, muß ihr Gleitwiderstand in den Führungsnuten des Griffstücks minimiert und die Paßform der gegabelten Abzugstange so korrigiert werden, daß eine Magazinberührung ausgeschlossen ist.

Hammer und Abzugstollen

Die Lagerung beider Teile bildet mit den aufeinanderliegenden Rasten ein rechtwinkliges Dreieck. Dadurch wirkt die Kraft des gespannten Hammers direkt auf die Achsmitte des Abzugstollens und setzt bei ebenfalls rechtwinkligem Rastschliff kein Drehmoment frei. Kleinere Winkel bedeuten, daß der Hammer noch gegen die Spannkraft der Schlagfeder angehoben werden muß. Der zunehmende Widerstand garantiert aber auch sicheren Halt bis zum Ausklinken des Abzugstollens. Dazu kommt die automatische Rückstellung bei nachlassendem Fingerdruck. Größere Winkel bewirken das Gegenteil. Häufig genügt schon der Schlittenimpuls, um den Abzugstollen gegen die Reibung der Rasten und die Federkräfte aus der Spannrast zu drücken.

Die meisten Matchteile sind rechtwinklig geschliffen und können ohne besondere Ansprüche an die Abzugscharakteristik unverändert eingebaut werden. Andererseits lassen sie den

Rastschliff und -eingriff bei MCM (Caspian-Hammer, EGW-Competition-Sear). Die 90-Grad-Stellung ist trotz der perspektivischen Verzeichnung gut zu erkennen.

Tunern die Möglichkeit, sie durch Kürzung, Kantenbruch oder individuellen Schliff beinahe beliebig zu manipulieren. »Glashart brechend« mit Rasteingriffen um 0,5 Millimeter, »schleppend« mit leicht gerundetem Abzugstollen – und immer unter Berücksichtigung der Seiten- und Lagerspiele sowie der Stellung des Abzugstollens zum Sperrnocken der Flügelsicherung. Les Baer, Ed Brown, Caspian, Chip McCormick, Cylinder & Slide, EGW, Nowlin, STI, Wilson und andere liefern diese Teile in erstklassiger Qualität aus Stahl oder Titan, die Hämmer als Sporn, eckig oder rund. Titan ist wegen seiner geringeren Standfestigkeit und höheren Reibwerte gegenüber Stahl allerdings nicht mehr so gefragt.

Die Hersteller versuchen die Gewichtsvorteile des exotischen Metalls durch

Ultra Light Match Hammer (links) und Warp Speed Hammer von Cylinder & Slide. »Lowest mass and inertia« durch starke Skelettierung von Werkzeugstahl.

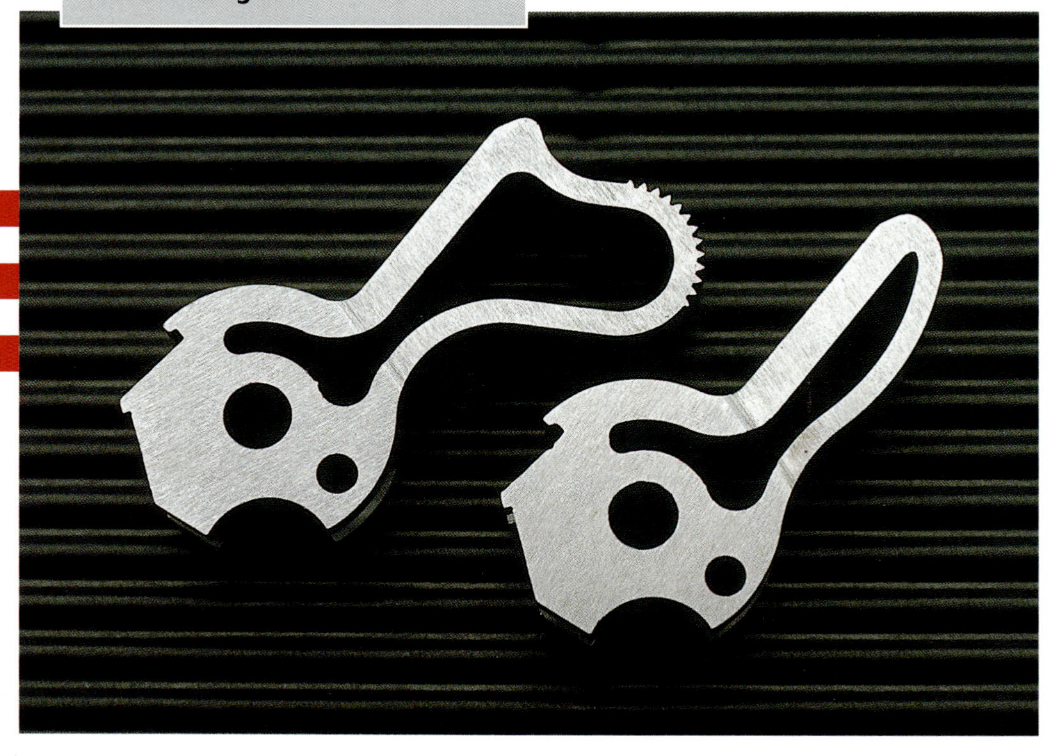

Ultra Light Match Sear (vorn) und Tactical Sear vom gleichen Hersteller. Die erodierten Matchteile sind auf 56 Rockwell gehärtet und an der Rast »Mirror finished«.

extreme Skelettierung zäher Werkzeugstähle auszugleichen und auf diese Weise ähnlich kurze Auslösezeiten zu erreichen. Alle leichten Hämmer, Titan oder Stahl, häufig in Verbindung mit Titanschlagfederstangen und -tellern, beanspruchen hinsichtlich der Schlagenergie größere Aufmerksamkeit. »Lowest mass and inertia« harmonieren nicht immer mit harten Zündhütchen.

Schlagbolzen und Zubehör

Auch Schlagbolzen von geringerer Masse und Trägheit machen eingespartes Gewicht nicht zwangsläufig durch höhere Beschleunigung wett. Besonders in Kombination mit leichten Schloßteilen reicht oft die zur sicheren Zündung nötige Energie nur dann aus,

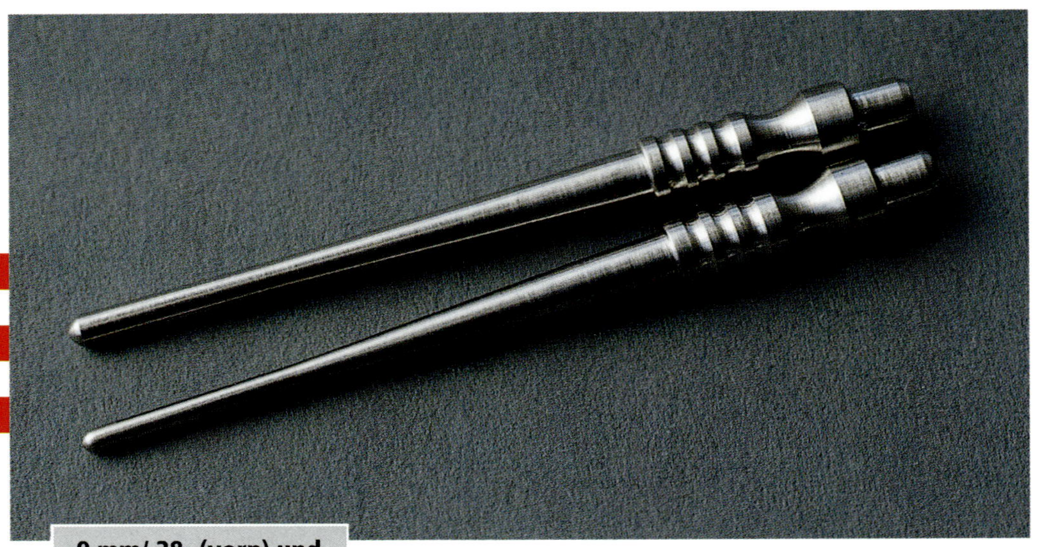

9 mm/.38- (vorn) und .45-Schlagbolzen.

Schlagbolzenplatte in Matchqualität (links) und Standardausführung.

wenn die Schlagfederkraft erhöht oder eine schwächere Schlagbolzenfeder eingebaut wird. Die Zuverlässigkeit kann noch durch einheitliche Verwendung vorn dünnerer 9 mm/.38er Schlagbolzen für alle Kaliber und eine Verlängerung des Schlagbolzenaustritts aus dem Stoßboden gesteigert werden. Als Schlagbolzenplatte empfiehlt sich ein gefrästes, ungehärtetes und auch sonst nicht oberflächenbehandeltes Übermaßteil, das sich wie die Oversized Pin Stops von EGW und Wilson gut einpassen läßt und unter »Dauerfeuer« nicht so schnell bricht.

Unterbrecher

Die fliegende Lagerung im Abzugstollen, die Steuerung durch das Verschlußstück, der Gegendruck der Abzugstollenfeder, der periodische Kurzschluß mit den Mitnehmern des Abzugstollens und die Stellung zur Rückseite der gegabelten Abzugstange verlangen diesem Multifunktionsteil Paßgenauigkeit und kleinste Reibwiderstände nach allen Seiten ab. »Preiswerte« Teile, welche die oft unvermeidliche Anpassung durch Nach-

Ultra-Light-Low-Mass- (vorn) und Match-Unterbrecher von Cylinder & Slide. Die Auskehlungen am Kopf sparen Reibung und Gewicht.

biegen nur mit Glück unversehrt überstehen, sind hier fehl am Platz. Am besten eignen sich gefräste, ungehärtete und am Kopf überlange Modelle, die gefahrlos geglüht, nach dem Abzug gebogen, gegebenenfalls gekürzt, gehärtet und an allen Berührungspunkten mit anderen Schloßteilen sowie der drei- oder vierschenkligen Abzugstollenfeder auf feinste Oberflächenqualität gebracht werden können. Ein herausragendes Beispiel ist der Ultra Light Low Mass Disconnector von Cylinder & Slide, ein drahterodiertes Matchteil mit rundum glatten Oberflächen und kanneliertem Kopf. Konrad Krappmann läßt diesen Unterbrecher nach den Paßarbeiten plasmanitrieren.

Auszieher

Der Auszieher lagert federnd im Verschlußstück und berücksichtigt in zwei Ausführungen die unterschiedlichen Hülsen der Kaliber 9 mm/.38 und 10 mm/.45. Eine Verwechslung ist ebenso unangenehm wie eine scharfkantige Kralle, die den zügigen Eintritt des Hülsenrands während des Repetierens behindert oder auch nur die Hülsen stärker beschädigt. Nach sorgfältiger Bearbeitung nimmt der Auszieher die von unten zugeführte Patrone allein gegen den mäßigen Widerstand seiner Vorspannung auf und transportiert später die leere Hülse verläßlich zum Auswerfer. Selbstverständlich achtet der Büchsenmacher darauf, daß der

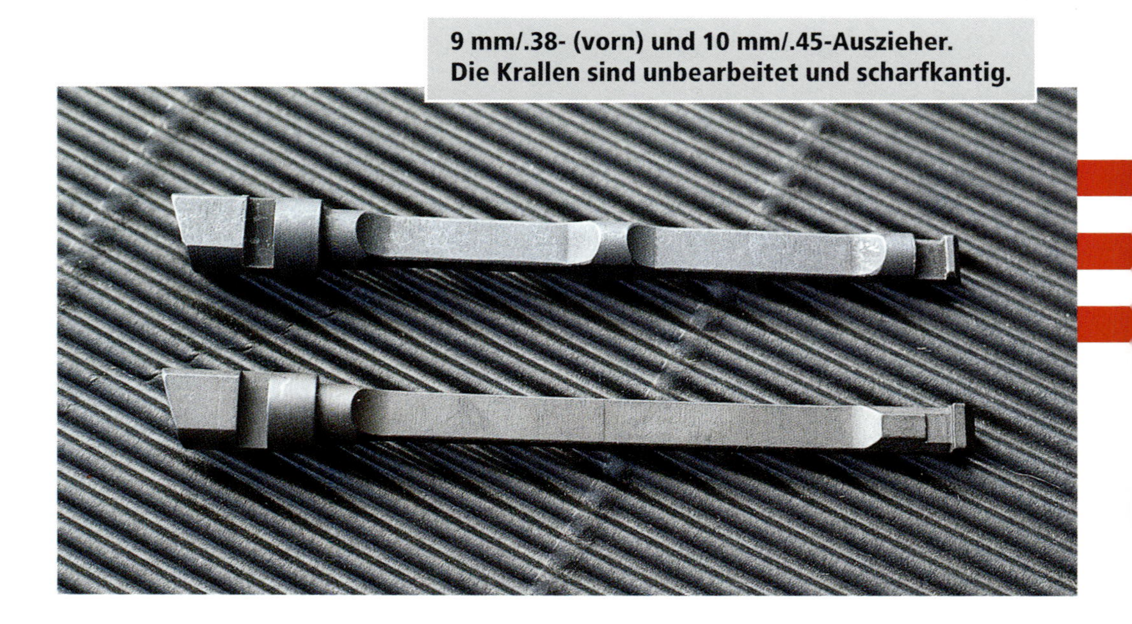

9 mm/.38- (vorn) und 10 mm/.45-Auszieher. Die Krallen sind unbearbeitet und scharfkantig.

Kurzer 10 mm/.45- (links) und langer 9 mm/.38-Auswerfer.

Auszieher nicht an der Schlagbolzenplatte verkantet oder mit der Kralle im Laufausschnitt drückt.

Auswerfer

Pistolen, die übergreifend in BDS-, BDMP- und DSB-Disziplinen geschossen werden, sind häufig mit Wechselsystemen ausgestattet. Für diese Waffen gibt es mittellange Universalauswerfer, die jedoch ausgiebig getestet und bei Störungen in der Länge korrigiert werden müssen. IPSC- und andere Pistolen, die auf ein Kaliber festgelegt sind, werden mit Auswerfern ihrer Kalibergruppe versehen: je länger die Patrone, desto kürzer das Teil. Für den erforderlichen Festsitz im Griffstück sorgt ein Paß- oder Spannstift.

Sicherungen

Ein weites Feld. Der anhaltende Trend, diese Teile über ihre Funktion hinaus auch als Stilelemente zu benützen, beschäftigt schon seit vielen Jahren eine ganze Industrie, die praktisch alles liefert: brüniert, beschichtet, Edelstahl; Leichtmetall; einseitig, beidseitig, tiefergelegt; glatt, geriffelt, gecheckert; im Tactical Style oder breit; spiegelblank und schön. Da gibt es kaum etwas, das es nicht gibt, sei es als Flügelsicherung in Reichweite des Daumens oder als Griffsicherung in Form eines Biberschwanzes, das sogenannte Beavertail. Die großen Namen im Custom-Bereich sind die gleichen, die schon für brauchbare Griffstücke, Verschlußstücke, Läufe, Abzüge oder Schloßteile stehen,

Ed-Brown- (links) und King's-Daumensicherung. Die Schwalbenschwanzführung der King's-Sicherung auf der Hammerachse sorgt für guten Zusammenhalt.

einer wie Caspian mehr an die eigenen Bausätze gebunden, andere wie Ed Brown oder Wilson stark auf Para-Ordnance, STI und SV fixiert.
Die beidseitigen *(ambidextrous)* Flügel- oder Daumensicherungen – andere sind im Praktischen Pistolenschießen kaum noch anzutreffen – »zerfallen« in zwei Teile: konstruktiv und manchmal auch buchstäblich. Normalerweise bestehen diese Sicherungen aus dem linken Flügel, der originalgetreu von einer Nut am Sperrnocken in der Wandung des Griffstücks gehalten wird, und seinem Gegenstück mit Führungsnase. Und genau die springt bei zu großem Spiel oder Unterlänge gern aus ihrem Schlitz am Griffstück.
King's begegnet dieser Schwäche mit Schwalbenschwanzführung des rechten Flügels auf der verlängerten Hammerachse. Nut und Feder in der Lagerung sichern alle Ausführungen gegen Verdrehen.
Sinn des Beavertail ist es, die ergonomisch weniger günstige Form und Größe der serienmäßigen Griff- oder Handballensicherung durch eine höhere Handlage bei vollkommenem Schutz vor dem Hammer und dem durchlaufenden Schlitten wesentlich zu verbessern. Um dies zu erreichen, müssen aber auch die vollmundig angepriesenen Drop-in-Beavertails sauber eingepaßt und mit dem Griffstück ansatzlos verschliffen werden. Der höhere Griff bringt die Hand zur Rückstoß- und Hochschlagminderung näher an die verlängerte Laufachse.

Magazine und Magazinhalter

IPSC-Spitzenprodukte sind grundsätzlich mit mehreren Magazinen ausgestattet. Dies liegt weniger an der Geschäftstüchtigkeit der Hersteller und dem Schützenbedarf im Parcours, als an der oft problematischen Anpassung der Blechteile an die Waffe. So kommt es immer wieder vor, daß einzelne Magazine vorn oder seitlich gegen den Abzug drücken und dem Schützen jedes Gefühl für den Druckpunkt nehmen. Abhilfe schafft ein aufgeweiteter Trigger, sofern es die Führung im Griffstück zuläßt, oder ein abgeschliffenes Magazin. Dazu sollten die Magazinlippen ladefreundlich entschärft, die Innenseiten wegen des gefürchteten Patronenstaus kritischer Kaliber poliert und die Leichtgängigkeit des Zubringers sowie seine Stellung zum Schlittenfanghebel überprüft werden. IPSC-Profis ordern auch Magazine, die den Verschluß nach dem letzten Schuß geschlossen halten.
Schützen, die nach rechtshändiger Aufnahme ihrer abgelegten Waffe schon mal ohne Magazin »geschossen« haben, fällt der spätere Verzicht auf einen modisch verlängerten Magazinhalter oder eine besonders weiche Feder nicht schwer – viel zu groß waren Zeit- und Ehrverlust unter dem schadenfrohen Gelächter der Konkurrenten. Für eine Verlängerung oder den Austausch der Standardfeder

Bis zu 170 Millimeter lang dürfen die Magazine der Race Guns für die Offene Klasse sein.

Verlängerte oder vergrößerte Magazinhalter haben ihre Tücken. Meist genügt schon eine griffige Riffelung.

spricht tatsächlich nur ein extrem kurzer Daumen, der das Original partout nicht zu fassen bekommt. Aber auch in diesem Fall sollte die Länge bescheiden und die Feder nicht zu weich sein. Sicheres Einrasten und Auslösen hängen von der Kantenhöhe und Beschaffenheit des Magazinausschnitts ab.

Leuchtpunktvisiere

Als Gunnar Sandbergs Techniker 1977 im schwedischen Malmö den Aimpoint-Prototypen schufen, hatten sie eigentlich nur die Jäger im Visier: den schnellen und sicheren Schuß im unübersichtlichen Gelände. Doch die Handlichkeit, der optisch neutrale »Durchblick« und der beliebige Augenabstand des kompakten elektronischen Geräts blieben nicht lange der Drückjagd vorbehalten. Bald zeigten auch Militärs und Sportschützen Interesse an der über kürzere Distanzen ausreichend präzisen und konkurrenzlos schnellen Zielerfassung und bestellten zweckgebundene Ausführungen beispielsweise für den Einsatz bei Kampfschwimmern oder auf kompensierten Faustfeuerwaffen. Heute ist *Aimpoint* einer von vielen, aber noch immer der führende Hersteller.

Aimpoint verwirklichte die Idee vom »schwebenden Leuchtpunkt« in einer röhrenförmigen Konstruktion, die wie ein Zielfernrohr montiert und eingestellt werden konnte. In der gleichen Bauart präsentieren sich auch die modernen Geräte, die nur in Form und Größe geändert und 1994 durch die für Pistolen- und Revolverschützen noch praxisgerechtere Kurzversion Aimpoint Comp(etition) ergänzt wurden. Das Prinzip des schwedischen Red Dot Sight beruht auf dem Strahl einer Leuchtdiode, der vom Brennpunkt des patentierten Doppellinsensystems auf die nicht rotdurchlässige Innenverspiegelung gerichtet, parallel zur optischen Achse reflektiert und auf dem unvergrößerten Ziel als roter, wahlweise sieben oder zehn MOA *(minute of angle* = Winkelminute) großer Punkt wahrgenommen wird. Die parallaxefreie Reflektion ergibt sich aus dem besonderen Schliff der miteinander verklebten Parabollinsen und ihrer Neigung zur Leuchtdiode im gemeinsamen Tubus. Dieser lagert beweglich und wasserdicht in einem zylindrischen Leichtmetallgehäuse mit Okular, Klickverstellung, stufenweise regulierbarer Stromstärke und Klemmringen für die Montage.

Während Konkurrenten wie *Adco International* (USA), *Interaims* (Schweden) und *Tasco* (Japan) ihre Leuchtpunkte ebenfalls in Röhren schweben ließen, suchten andere Hersteller eine offene Lösung, ein noch kleineres, leichteres und einfacheres Zielgerät. Wieder war es Matthew McLearn, der 1993 mit seinem Titelgewinn auch dem C-More-Patent des Amerikaners Ira Kay zum Blitzstart in die IPSC-Szene verhalf. Das bis heute weitgehend unveränderte

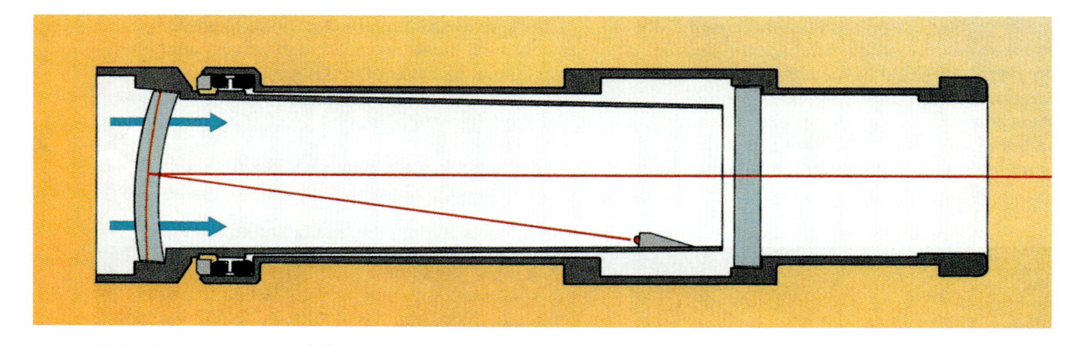

So entsteht der »schwebende Punkt«: Das Prinzip des Leuchtpunktvisiers am Beispiel Aimpoint.

Serendipity SL von *C-More-Systems* besteht aus Kunststoff, ist mit der beidseitigen Montage und Halterung der freistehenden Linse einteilig gegossen und wiegt nur 115 Gramm. Höhen- und Seitenverstellung über den biegsamen Linsenträger, Batterie, Elektronik und der stufenlose Regler liegen so dicht beieinander, daß das Mittelteil die Schlittenkontur kaum überragt. Langjährige »Röhrengucker« vermissen anfänglich noch den Tunneleffekt, und bei Regen oder starkem Lichteinfall von hinten kann der frei eingespiegelte Punkt trotz größter Leuchtstärke zum Problem werden.

Den vorläufigen Höhepunkt in der Entwicklung derartiger Zieleinrichtungen setzte 1996 *Bushnell,* eine Tochter des bekannten amerikanischen Zielfernrohrherstellers *Bausch + Lomb* in Overland Park/Kansas. Bushnell hatte bereits Erfahrung mit einem röhrenförmigen jagdlichen Point in Klemmringen für eine Weavermontage und folgte einer Anregung des amerikanischen IPSC-Schützen Jerry Barnhart, den noch mit kleineren Mängeln behafteten Leuchtpunkt durch ein Head-up-Display in der Art militärischer Visierungen zu ersetzen. Das Bushnell-HoloSight basiert auf der holographischen Darstellung beliebiger Absehen durch Lasertechnik, die nach den gesetzlichen Bestimmungen nur innerhalb des Kunststoffgehäuses wirksam ist. Zur Wiedergabe gelangen einfache Vorlagen wie ein Punkt von der Größe einer Winkelminute im Leuchtring, aber auch Symbole mit angezeigter Laufrichtung. Das jeweilige Absehen wird in einen höhen- und seitenverstellbaren Rahmen an der Geräterückseite eingesetzt und von einer Schraube gehalten.

Eine Wettkampf-waffe entsteht

Eine Wett-kampf-waffe entsteht

Meisterstück: SK 3607 hält, was ihr Anblick verspricht.

Made in Germany

Krappmann-STI .38 Super

Krappmann
Custom
STI

Bauvorhaben

Im allgemeinen ist es der Kunde, der den Auftrag zum Bau einer bestimmten Waffe erteilt. In diesem Fall soll jedoch eine Race Gun im Kaliber .38 Super Automatic ganz nach den Vorstellungen des Büchsenmachers hergestellt werden, und die sehen so aus: Chip-McCormick-Griffstück 2011 von Strayer Tripp International, modifiziertes Les-Baer-Verschlußstück, Nowlin-Matchlauf mit Rampe und Dreikammerkompensator, Sicherungen von King's und Ed Brown, Abzug und Schloßteile von Chip McCormick, C-More-Sight. Für die Oberflächengestaltung bieten sich tiefschwarze Brünierung oder Chrome an. Die Entscheidung fällt erst nach dem Beschuß. Die Wahl des STI-Griffstücks begründet Konrad Krappmann mit dem zähen, gut zerspanbaren Karbonstahl des CNC-gefrästen Funktionsteils über dem Kunststoffrahmen und der problemlosen Aufnahme einer Pointmontage durch den dickwandigen Dust Cover. Darüber hinaus verhindert die präzise Fertigung Fluchtfehler, wie sie durch Verzug im Führungsbereich von Gußrahmen häufig auftreten. Solche Griffstücke lassen sich mit maßhaltigen Verschlußstücken kaum paßgenau kombinieren; begradigt »fallen sie praktisch durch«. Das unbehandelte (weißfertige) STI-Griffstück SK 3607 ist »oversized« und hat an allen Führungsflächen bis zu 0,3 Millimeter Übermaß. Mit ähnlichen Materialreserven sind auch die weißfertigen Oberteile namhafter Hersteller für den Bau eigener oder fremder Custom Guns ausgestattet. Aus dem reichhaltigen Angebot von Caspian bis Strayer Tripp International bevorzugt Konrad Krappmann den Schlitten von Les Baer, der aus einem Schmiederohling gefräst und an den vorbereiteten Gleitstellen wirklich maßhaltig ist. Dies gilt insbesondere für die feingeschliffene Unterseite, die entgegen der Colt- und Kuhnhausen-Philosophie bei stark beanspruchten IPSC-Pistolen nicht nur im Reparaturfall an der Oberseite des Griffstücks zur Anlage gebracht wird. Das spätere Tragbild zeigt, daß diese zusätzliche »Schiene« – womöglich abhängig von der Kompensatorwirkung – beträchtliche Kräfte aufzunehmen hat. Die Skelettierung kurz hinter der Laufführung und im Bereich des Schlagbolzens senkt das Gewicht um 55 Gramm mit allen Vorteilen hinsichtlich der Massenträgheit.

Konrad Krappmann wird fündig: Griff- und Verschlußstück passen gut zusammen.

Rail Job

Ein gutsortiertes Lager erleichtert den Pistolenbau. Schon beim dritten Versuch schnäbeln die Schienen des Griffstücks in den Führungen eines Verschlußstücks an und signalisieren eine gute Paarung. Der Kontakt wird durch sachtes Aufklopfen mit dem Gummihammer noch vertieft und hält schließlich das Griffstück auf dem eingespannten Schlitten. Die Paßarbeiten beginnen.

Die folgenden drei bis vier Stunden sind schwer zu beschreiben. Anfänglich unter der Gefahr des Verkantens, dann bei ständiger Kontrolle der möglichst festen und doch schonenden Einspannung des Verschlußstücks wird das Griffstück millimeterweise vorgepaßt, kurz vor dem Festsitzen wieder abgezogen und je nach »Zeichnung« (Druckstellen) mit Schlüsselfeilen und der Diamantfeile nachgearbeitet. Der ganze Vorgang erfordert viel Gefühl, da jeder Klemmer die Oberflächen kalt verdichten und ihre Weiterbearbeitung unnötig erschweren würde. Außerdem

Weißfertig: Die noch unbehandelten Teile von STI und Les Baer mit matter Oberfläche.

Die Schienen des Griffstücks schnäbeln in den Nuten eines Verschlußstücks an.

besteht die Gefahr der Riefenbildung. Ein spannender Augenblick ist auch das Einspuren des hinteren Schienenpaares in die Schlittenführungen als Indiz für fluchtgenaues Passen. Weniger Zeit beanspruchen Feingußgriffstücke, die Feilen und Schmirgelleinen geringeren Widerstand leisten.

Die Güte der Passung, das Ergebnis der ungezählten Handgriffe im ständigen Hin und Her drückt sich zuletzt in einem zwar spielfreien, aber noch nicht gleichmäßigen Schlittenlauf aus. Die Nachbesserung erfolgt einseitig am Verschlußstück, das auf Diamantschleifpaste von 1200er Körnung so lange

Der »Rail Job« ist eine abwechslungsreiche Tätigkeit. In unzähligen Durchgängen wird das Griffstückoberteil aufgeklopft, kurz vor dem Klemmen wieder abgezogen und an den gezeichneten Stellen geschliffen. Gleichzeitig wird das Verschlußstück tiefergelegt.

2011

über ein zum Hilfswerkzeug umfunktioniertes ausgedientes Griffstück gezogen wird, bis auch der letzte Grat und die geringste Unebenheit als unvermeidliche Folgen des Aufklopfens aus den Führungsnuten entfernt sind. Nach sorgfältiger Reinigung – die Führungsflächen des Griffstücks kommen mit der Schleifpaste erst kurz vor der Endmontage in Berührung – messen Seiten- und Höhenspiel 0,03 bis 0,04 Millimeter. Kleinere Toleranzen sind wegen der Erwärmung und Verschmutzung beim Schießen nicht empfehlenswert.

Ein spannender Augenblick ist das Einspuren des hinteren Schienenpaares.

Dust Cover und Schlitten gleiten annähernd spielfrei aufeinander.

Auch dieser kritische Bereich ist perfekt gepaßt. An beiden Teilen stehen noch Grate über.

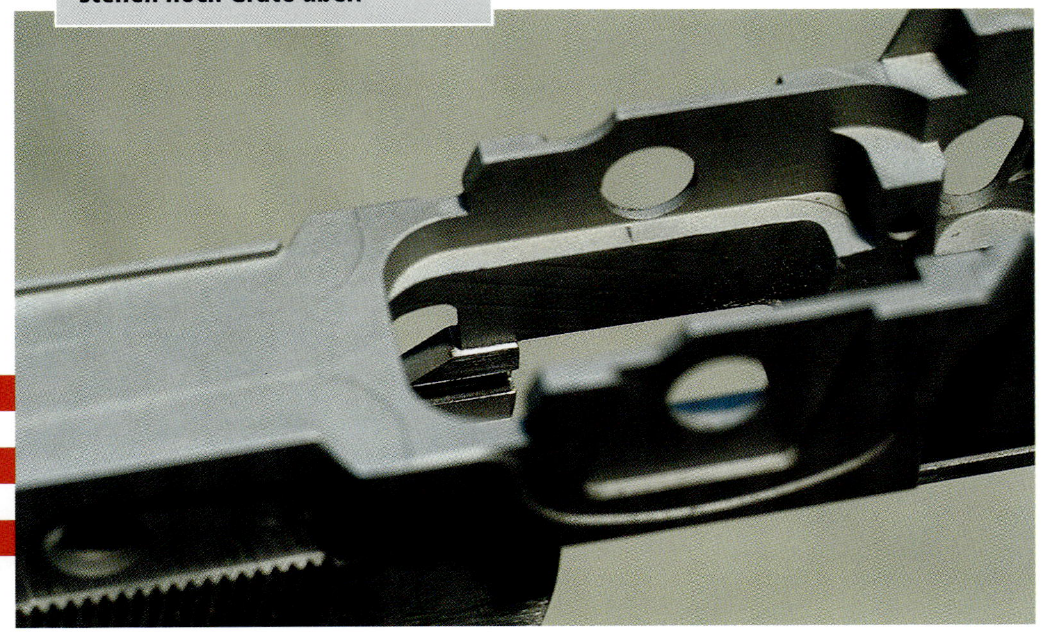

Maßarbeit aus einer anderen Perspektive.

Zur Glättung der Führungsnuten wird das Verschlußstück mit Diamantschleifpaste über ein ausgedientes Griffstück gezogen.

Nach dem Diamantschliff messen Höhen- und Seitenspiel maximal 0,04 Millimeter.

SK 3607 nimmt Gestalt an.

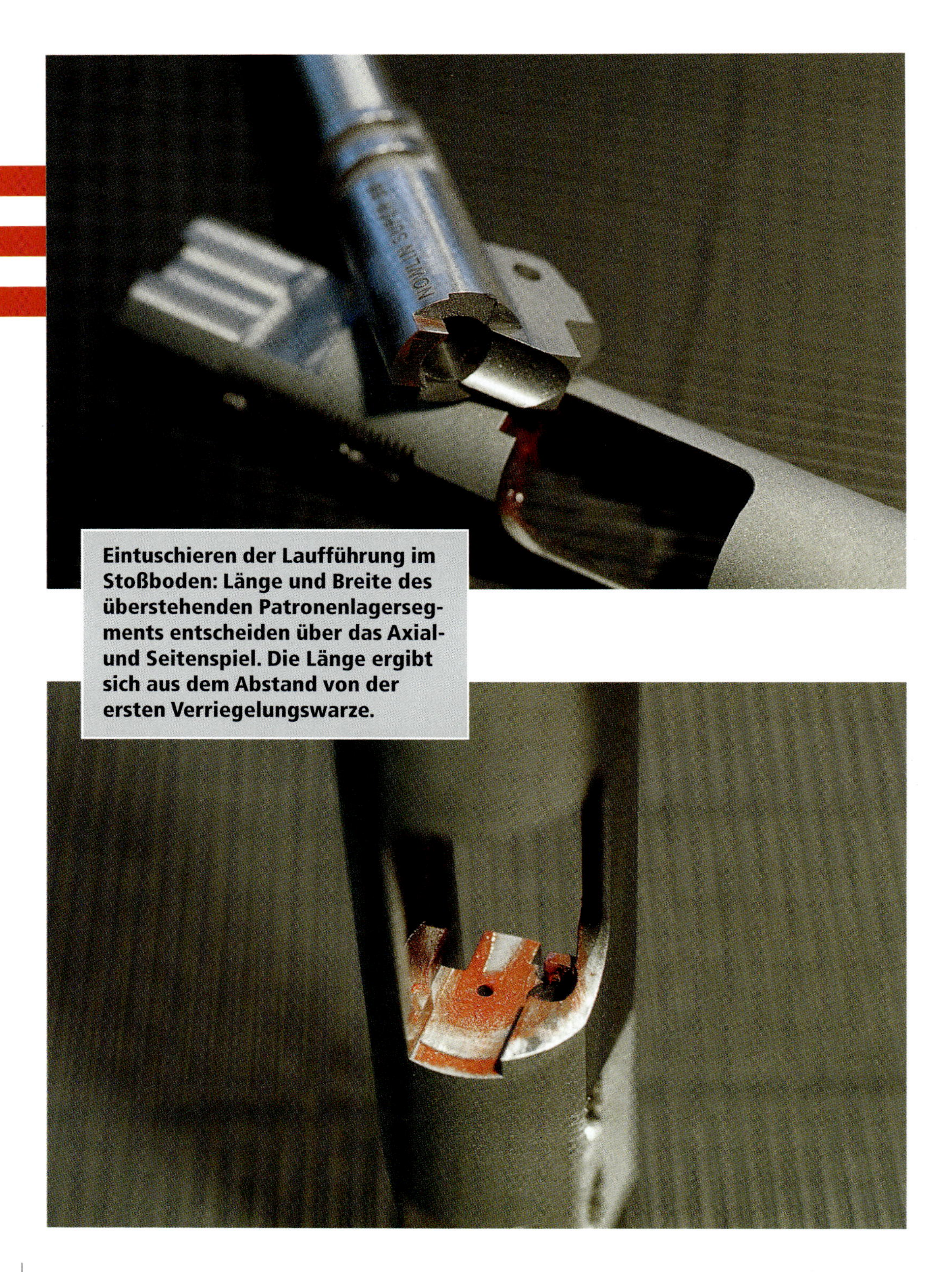

Eintuschieren der Laufführung im Stoßboden: Länge und Breite des überstehenden Patronenlagersegments entscheiden über das Axial- und Seitenspiel. Die Länge ergibt sich aus dem Abstand von der ersten Verriegelungswarze.

Laufarbeit

Der Nowlin-Matchlauf wird schrittweise von hinten nach vorn eingepaßt. Ausgangspunkt ist der überstehende obere Rand des Patronenlagers. Dieses schmale Segment von weniger als 90 Grad bestimmt mit seiner Breite das Seitenspiel und durch seine Länge das Axialspiel. Die Breite richtet sich nach der korrespondierenden Ausfräsung im Verschlußstück und wird mit Rücksicht auf ein zuverlässiges Einschwenken des hochfahrenden Laufs relativ großzügig

Im aufgeriebenen Patronenlager liegt die »Revolverpatrone« .38 Super Automatic mit dem Hülsenmund an.

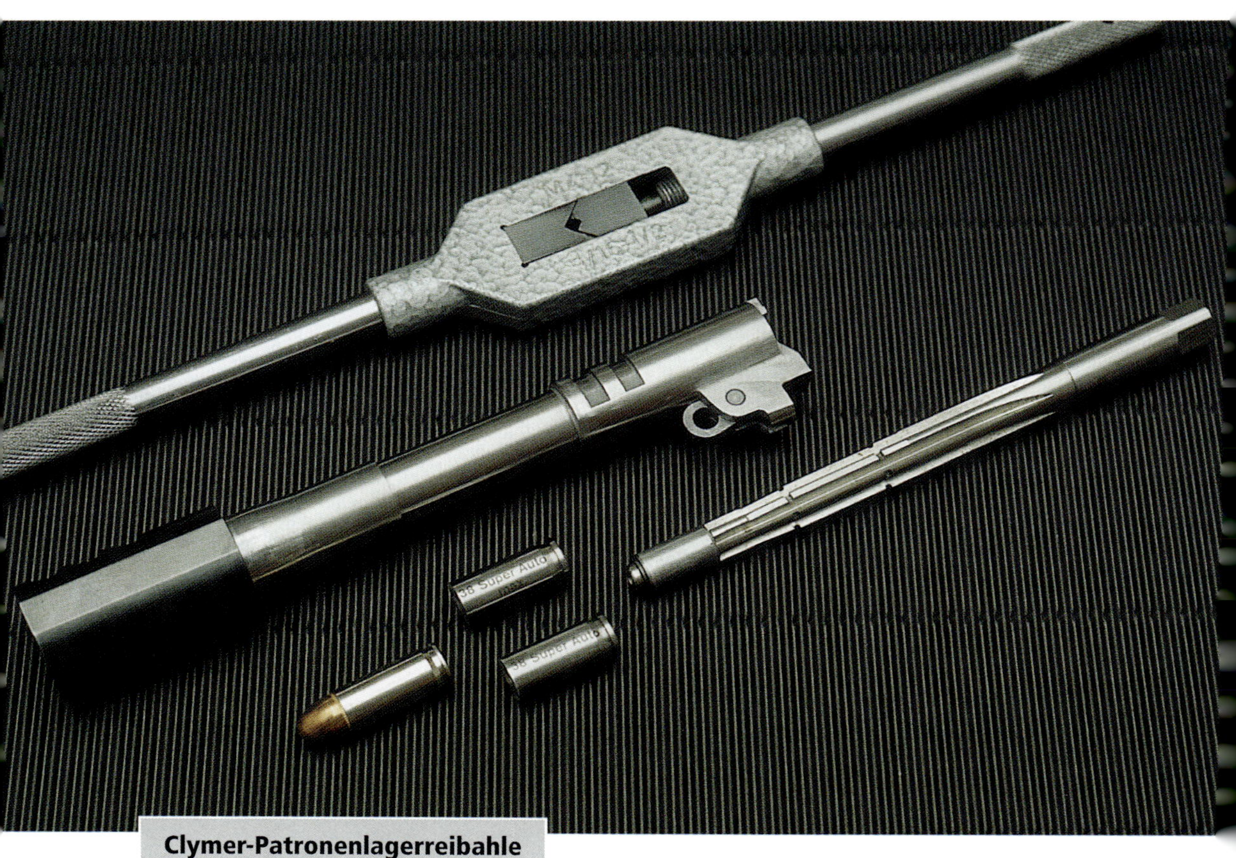

Clymer-Patronenlagerreibahle mit Verschlußabstandslehren und Patrone.

(im Zehntelbereich) bemessen. Die Länge ergibt sich aus dem Abstand der ersten Verriegelungswarze vom Stoßboden und muß wegen einer im Wortsinn »reibungslosen« Verriegelung dagegen sehr präzise (im Hundertstelbereich) hergestellt werden. In älteren Waffen dient der Fortsatz noch der Anlage des Hülsenrands. Mit Hilfe einer Clymer-Patronenlagerreibahle (vergleichbar mit ähnlichen Werkzeugen von Triebel/Deutschland) wird dieses Patronenlager jedoch so verändert, daß der nun anliegende Hülsenmund

Prüfung des Verschluß-abstands mit Lehre und Patrone.

Nach der Bearbeitung des Patronenlagers wird die Rampe leicht zurückgesetzt, am Übergang gerundet und mit dem Diamantschleifer poliert.

Optimale Zuführung in der fertigen Pistole.

den Verschlußabstand regelt. Matthew McLearn bietet für das Kaliber .38 Super Automatic inzwischen sogar randlose Hülsen an.
Anschließend geht es vor zur Mündung. Dort trägt der Lauf ein langes Feingewinde (.575"-40) zur Aufnahme der konischen Laufführung und des Kompensators, die nach der Bearbeitung mit Loctite zu einer Einheit verklebt werden. Konusläufe oder Läufe mit Schraubkonus wie der Nowlin haben den Vorteil, daß sie direkt im Verschlußstück gleiten und keiner Doppelpassung nach Art des Originals bedürfen; Laufführungsbüchsen bedingen nicht nur einen funktionssicheren Ringspalt um den abkippenden Lauf,

Ein langes Feingewinde trägt die konische Laufführung und den Kompensator. Die Fixierung beider Teile erfolgt später durch Loctite.

sondern auch einen strammen Sitz im Verschlußstück. Der Schlitten von Les Baer zeigt an dieser Stelle bereits den perfekten Schliff und nimmt den Konus nach dem »Wirbeln« mit 0,01 Millimeter Spiel auf – nach Konrad Krappmann genug für das Kippen und die Schwingungen beim Schuß. Wirbeln ist ein Begriff aus dem Suhler Büchsenmacherdeutsch und beschreibt die Bearbeitung von Rundungen mit Feile und Schmirgelleinen unter ständigem Drehen des Werkstücks in einem Holzprisma. Sinn dieser Methode ist es, nur das gezeichnete Material, also die Druckstellen wegzunehmen. Vor dem Wirbeln wird der 25 Millimeter lange zylindrische Teil der konischen Laufführung bis zu einem schwachen Klemmen im Verschlußstück abgedreht.

Les-Baer-Verschlußstücke brauchen an dieser Stelle nicht bearbeitet zu werden.

»Wirbeln«: Feilen unter ständigem Drehen im Holzprisma.

Die Laufführung hat nach dem Abdrehen und Wirbeln 0,01 Millimeter Spiel.

Rahmenbedingungen

Alle bekannten 38er Matchläufe halten auf die üblichen Entfernungen mit Sicherheit die IPSC-A-Zone und in einer eng gepaßten Pistole auch die BDS-Außenzehn. Es ist also nicht die höchste Präzision, die Konrad Krappmann mit dem Nowlin sucht, sondern der optimale Sitz des Rampenlaufs bei möglichst geringer Schwächung des Griffstücks durch das unvermeidliche Einfräsen der sogenannten »Rampengasse«. Der Nowlin verdankt seine Verwendung hauptsächlich der geraden Hinterseite des Laufhakens, die noch Platz für einen ausreichend breiten Steg zwischen Laufanschlag und Magazinschacht läßt. Weniger geeignet wären zum Beispiel der rampenlose Wilson-Lauf oder der Briley-Rampenlauf mit Büchse und beweglichem Führungsring. Gegen den Wilson spricht mangelnde Erfahrung mit der rampenlosen Patronenzuführung in diesem Kaliber, gegen den Briley der hinten abgerun-

Immer im Blick: Das Fräsen der Rampengasse erfordert äußerste Konzentration.

Vor dem letzten Fräsgang dient der Lauf als Lehre.

dete Laufhaken. Erhält der Büchsenmacher die Rundung, schwächt er das Griffstück zusätzlich, entfernt er sie, öffnet und schwächt er den Haken. Das Einfräsen der Rampengasse ist eine heikle Angelegenheit, denn der entriegelte Lauf soll nachher nicht nur an mehreren Stellen gleichzeitig tragen, sondern auch mit dem Griffstück fluchten. Kostengünstige Custom Guns erfüllen diese Bedingungen weniger und führen den Lauf mit großem Spiel; oft läßt er sich sogar verriegelt etwas um die eigene Achse drehen. Vor dem Fräsen empfiehlt sich ein genaues Vermessen des Laufhakens, dessen Breite am Nowlin 9,3 Millimeter beträgt und bei Verwendung eines Neunmillimeter-Fingerfräsers »händisches« Nachpassen erlaubt. Die Tiefe des Einschnitts resultiert aus dem Abstand des Laufhakenansatzes am Patronenlager von der Unterseite der Rampe. In diesem Fall sind es 7,3 Millimeter, die in mehreren

Das Laufhakenprofil bestimmt, wie weit der Lauf im Griffstück mit dem Stirnfräser zurückgepaßt werden muß.

Durchgängen eingestochen und auf den letzten Zehnteln bis zur Laufberührung des Gesenks – eine Phase an den Innenseiten der Schlittenführungen – ebenfalls von Hand nachgearbeitet werden. Schließlich liegt der Lauf überall gleichmäßig an und hält mit dem Laufhaken je 0,05 Millimeter Seitenabstand.

Die letzte spanabhebende Tätigkeit am Griffstück beginnt mit einem Blick durch die Fanghebelbohrung bei eingesetztem Lauf. Dieser Blick zeigt, wie weit die Steuerkurve am Laufhaken in die Bohrung ragt und um welchen Betrag der Lauf noch zurückgepaßt werden muß. Dies geschieht am Laufanschlag mit einem speziellen

Stirnfräser von Nowlin, der allerdings nur bis zu einer bestimmten Tiefe eingesetzt wird; eine kleine Überschneidung bleibt als Sicherheitsreserve für die Bearbeitung der Steuerkurve. Durch den geraden hinteren Abschluß des Laufhakens verringert sich die Stegbreite von 8,5 auf 6,2 Millimeter. Beim ungeöffneten Briley wären zwischen Laufanschlag und Magazinschacht nur noch 2,5 Millimeter stehen geblieben.

Zwischen Laufanschlag und Magazinschacht bleiben 6,2 Millimeter stehen.

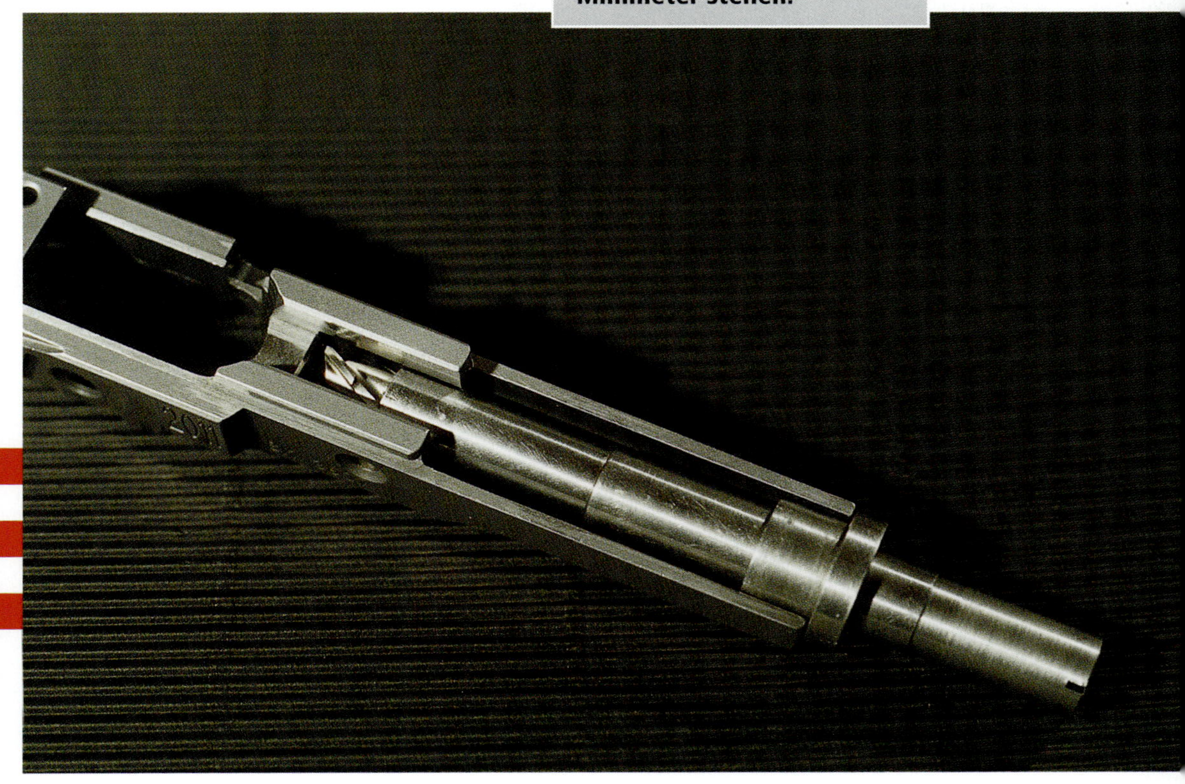

Eintuschieren der Verriegelung: Die Laufachse wird koaxial zur Schlagbolzenbohrung gelegt.

Probelauf

Nach den Fräsarbeiten kann der im Griffstück eingeklinkte Lauf erstmals im Verschlußstück hochgefahren werden. Es ist nur ein Versuch, der schon während der Verriegelung zum Stillstand kommt – die Blockade bestätigt lediglich ausreichendes Übermaß für die folgende Feinabstimmung. Dabei werden alle Berührungspunkte zwischen Lauf und Griffstück mittels Tuschierfarbe auf Druckstellen geprüft und nachgearbeitet. Zugleich verhindert derselbe Vorgang an den Verriegelungswarzen und auf dem Laufgrund

Ein großes Ziel ist erreicht: Der Lauf verriegelt 1,2 Millimeter hoch.

Bei der Distanzierung der Mündungsbremse wird ein ausreichender Spalt durch den abkippenden Lauf auf die Laufbrille übertragen.

Die Bearbeitung der Laufbrille hängt weitgehend von der Schließfederbüchse ab. Ihre Länge wird schon bei der Anprobe des Kompensators berücksichtigt.

einen zu tiefen Laufsitz und dadurch ein außermittiges Abschlagen der Zündhütchen. Wegen der sogar an diesen Werkstücken noch vorhandenen Fertigungstoleranzen gelingt es aber nicht, alle Kontaktstellen auf ein Minimalspiel zu passen. So richtet sich das Hauptaugenmerk auf die erste Warze, die auch für das Axialspiel mitverantwortlich ist, und auf den Laufgrund. Nach zwei Stunden Tuschieren, Einbauen, Drücken, Zerlegen, Feilen und Schleifen im ständigen Wechsel hebt und senkt sich der Lauf mit einem Resthakeln genau 1,2 Millimeter.

Nachdem der Lauf hoch verriegelt, koaxial zur Schlagbolzenbohrung liegt und mit den vorgesehenen Toleranzen in das Verschlußstück paßt, braucht er nur noch kompensiert und abgelängt zu werden. Bei dieser Tätigkeit kommt es darauf an, daß der Kompensator mit einem Luftspalt von maximal 0,3 Millimetern senkrecht steht und dieser

Messen, Sägen, Feilen und Schleifen: Der gepaßte Lauf wird so abgelängt, daß das Volumen der ersten Kompensatorkammer erhalten bleibt.

Spalt mit dem abkippenden Lauf kontinuierlich auf die Laufbrille übertragen wird. Natürlich wäre es ein glücklicher Zufall, wenn die Mündungsbremse schon bei der Anprobe den richtigen Abstand vom Verschlußstück hätte. In der vorliegenden Kombination stößt der Kompensator vorher an und erspart so wenigstens eine weitere volle Umdrehung mit der damit verbundenen Kürzung. Die Distanzierung erfolgt auf die übliche Weise mit Tuschierfarbe und Feile an beiden Teilen, wobei an der Laufbrille noch die Länge der Schließfederbüchse von 40,5 Millimetern berücksichtigt werden muß. Für die Lauflänge ist die erste 15-Grad-Schrägfläche im Kompensator maßgebend. Der Lauf wird im gleichen Winkel abgenommen, um das Kammervolumen zu erhalten, und der nach innen ragende Grat nach alter Büchsenmachertradition mit der ersten Patrone weggeschossen.

Schneideisen und Gewindebohrer zur Entfernung von Graten an Lauf, Konus und Kompensator.

Die Steuerkurve wird nach dem Radius des Kettenglieds gefeilt. Eine Hilfsachse schont die Bohrung und beschleunigt den Ein- und Ausbau.

Timing

Durch das am Griffstück weit heruntergepaßte Verschlußstück ist es nicht schwierig, den Laufhaken formschlüssig über die Fanghebelachse zu führen – die Steuerkurve bietet der Feile noch genügend Material, um den Lauf bei Verwendung eines Wilson-Kettenglieds Nr. 3 mit 7,06 Millimeter Lochabstand ohne Druck auf die Kette in die Verriegelung zu heben. Das ausgesuchte Kettenglied hat eine Lagerbohrung von 3,9 Millimetern, die sich an Laufhaken und Bolzen exakt wiederfinden, paßt mit einer Stärke von 3,45 Millimetern annähernd spielfrei in die Ausfräsung und schwingt nun gewissermaßen als Lehre für das Konturfeilen der später noch Punkt für Punkt mit dem vorgesehenen Schlittenfanghebel eintuschierten Steuerkurve um eine verlängerte Hilfsachse, einen unversehrten Durchschlag. Einfluß auf das Timing kann also nur im rückwärtigen Teil der Steuerkurve genommen werden, auf der kurzen Geraden vor dem Anschlag und an diesem selbst. Konrad Krappmann setzt den Anschlag so weit zurück, daß der entriegelnde Lauf erst nach 3,3 Millimetern aus der Horizontalen kippt. Das ungefähr dreistündige Konturfeilen nimmt mit der Rundfeile seinen Anfang und setzt sich nach dem freien Durchgang der Hilfsachse mit Stielfeilen jeder Art fort. Noch ist die Oberfläche rauh und wartet auf ihren letzten Schliff.

Die vorgeschliffene Steuerkurve enthält noch Reserven für die Feinabstimmung mit der Verriegelung.

»Die Hütte steht«

Dieser Zustand hält nur bis zur Fertigstellung des Schließfedersystems an. Unter Federdruck werden jetzt Schlittenlauf und Verriegelung so lange geprüft und nachgebessert, bis die ganze Mechanik saugend läuft. Gleichzeitig werden die noch scharfen Kanten gebrochen, die Oberflächen an Griff- und Verschlußstück zum Glasperlenstrahlen vorbereitet und weitere

Spuren von Diamantschleifpaste genügen, um den schon eingeschliffenen Schlitten auch auf dem STI-Griffstück frei gleiten zu lassen.

Die Vogelzunge öffnet den Hülsenauswurf.

Änderungen durchgeführt. Dazu zählen auch das »Vorlassen« des kompletten Oberteils hinten an der Steuerkurve bis zum bündigen Abschluß mit dem Griffstück und das Egalisieren letzter Übergänge. Das Schließfedersystem stammt ebenfalls von Nowlin und wird je nach Laborierung mit Federn zwischen sieben und zwölf Pfund bestückt. Eine Schräge am Kopf der langen Federführungsstange schützt den Laufhaken vor Beschädigungen, eine Zweimillimeter-Querbohrung 38,5 Millimeter vom hinteren Ende erleich-

Scharfe »Serrations« erhöhen die Griffigkeit.

tert den Ein- und Ausbau mit dem Paßstift »Rolf«, und sauber entgratete Federenden sorgen für kratzfreien Lauf auf der geschliffenen Stange.
Der Anblick und das gute Gefühl beim Durchrepetieren des Pistolenrohbaus geben schon mal Anlaß zum Feiern. Selbst Konrad Krappmann ringt sich ein karges »die Hütte steht« ab – viel kann nicht mehr passieren. Jetzt ist Abzugstuning angesagt, danach der Einbau der Daumen- und Handballensicherung.

Wenige Feilenstriche egalisieren auch stärkere Übergänge. Dieser Abschluß ersetzt allerdings nicht das »Vorlassen« des Verschlußstücks am Fanghebelanschlag.

SK 3607 vor dem Innenausbau.

Der etwas andere Abzug

Die einen setzen aufs Abzugsgewicht, andere auf die Charakteristik. Und wie so oft liegt die Wahrheit irgendwo dazwischen. So empfindet es auch Konrad Krappmann, dem punktgenau brechende 1000 Gramm lieber sind als kriechende 700, letztere vielleicht sogar mit dem Restrisiko des Doppelns. Zumal der Büchsenmacher bei Hammer und Sear der besseren Reibpaarung zweier Stahlteile wegen auf die geringere Massenträgheit eines Titanschlagstücks verzichtet. Der ausgesuchte CMC-Premium-Grade-Matchhammer »Nastoff«, der gefräste und zur fachgerechten Weiterbearbeitung vorbereitete CMC-Standard-Sear sowie der im Griffstück mitgelieferte Kunststoff/ Titantrigger (bis zu 60 Prozent leichter als die Standardabzüge) erfüllen uneingeschränkt seine Qualitätsansprüche. Der Aufbau des Griffstücks beginnt mit dem Einpassen des Abzugs, der präzise geführt und doch leichtgängig sein soll. Bei STI erfordert dies keinen besonderen Aufwand, da die gegabelte Titan-Abzugstange bereits ohne spürbaren Widerstand in den glattflächigen Compolite-Führungen läuft. So werden nur die Abstände zwischen Metallbügel und eingeschobenem Magazin kontrolliert und alle Gleitflächen poliert. Dies betrifft auch die im Griffwinkel geneigte Rückseite der Abzugstange, die bei der Schußauslösung gegen den Unterbrecher drückt. An Großserienabzügen und -griffstücken sind mangelnde Paßform und rauhe Oberflächen in den Ausfräsungen nicht auszuschließen.
Der Unterbrecher stellt weitaus höhere Anforderungen an den Büchsenmacher. In seiner Doppelfunktion als automatische Sicherung und Bindeglied zwischen Abzug und Schloß ist er an allen Bewegungsabläufen innerhalb des Systems beteiligt und nimmt entsprechend Einfluß auf den Gesamtwiderstand und die Abzugscharakteristik. Konrad Krappmann bedient sich bei Ed Brown und verwendet ein gefrästes Teil aus Werkzeugstahl, das »ohne wegzuschäumen« geglüht, gerichtet und wieder gehärtet werden kann. Dieser Fall tritt ein, wenn der Unterbrecher in der vorderen Stellung des Abzugs nicht parallel und spielfrei zur Abzugstange steht – ein langer Vorzug und ein spätes Anheben des Abzugstollens in der Hammerspannrast sind nicht gerade das, wonach der sensible Sportschütze sucht. Zur Prüfung werden Unterbrecher und Sear im Griffstück auf einen Durchschlag genommen und über den Abzug betätigt. In der gleichen Anordnung zeigt sich auch, ob der Unterbrecher lang genug ist, um ausreichend weit aus den Mitnehmern des Abzugstollens zu treten, aber nicht so lang, daß er zwischen der Achse und der Unterbrecherschiene am Schlitten klemmt. Am vorliegenden Exemplar muß der Kopf getrimmt und das Profil der Anlauf-

Richten, Glätten und Polieren: Auch in einer simplen Feder steckt viel Arbeit.

flächen erneuert werden. Zuletzt fällt noch die Glättung sämtlicher Berührungspunkte mit der Abzugstange, dem Abzugstollen und der später eingepaßten Abzugstollenfeder an. Billigere Teile beeinträchtigen häufig die Beweglichkeit des Unterbrecherkopfs im Griffstück und verursachen dadurch eventuell Störungen, erhöhten Verschleiß oder Langzeitschäden. Besonders gegossene Paarungen überzeugen nicht immer durch optimales Spiel und gute Führung. Die möglichen Schäden und Fehlfunktionen reichen von der ausgeschlagenen Gehäusebohrung bis zur starken Abnützung des Unterbrecherkopfs, vom Klappern bis zum Doppeln. Ähnlich wirkt sich auch ein zu knapp eingestellter Triggerstop aus: der Unterbrecher gibt den Abzugstollen nur zögerlich frei und die Hammerfangrast schlägt mit voller Wucht auf die zuvor mühsam bearbeitete Rastfläche am Sear.
Im folgenden Arbeitsgang wird die prüfende Fingerkuppe durch die Abzugstollenfeder ersetzt. Zur Wahl stehen eine konventionelle Dreischenkelfeder und eine Clark-Vierschenkelfeder. Für Konrad Krappmann

Einpassen der Vierschenkelfeder: Alle Zungen werden an den richtigen Stellen zur Anlage gebracht.

macht dies keinen großen Unterschied, weil »unqualifizierte Werbung Vorteile verspricht, die nur im Zusammenwirken sämtlicher Komponenten realisierbar sind«. Dennoch erhält die Vierschenkelfeder wegen der variablen Druckverteilung auf Abzug und Unterbrecher den Vorzug. In Schußrichtung gesehen bedienen die vier Schenkel von links nach rechts den Abzugstollen, den Unterbrecher, den Abzug und die Handballensicherung.

Selbstverständlich muß die Feder vor dem Einbau abgelängt und eingepaßt werden. Besondere Sorgfalt verlangt der linke Schenkel, der möglichst tief angreifen soll, um die Hebelwirkung des Abzugstollens auszunützen, aber keinesfalls so tief, daß er unter dem drehenden Sear wegstreichen kann –

die ganze Mechanik wäre außer Funktion gesetzt. Konrad Krappmann bleibt auf der sicheren Seite, indem er den Schenkel in einer mittleren Position zur Anlage bringt. Das gekürzte Ende neben der Führungsnase wird sauber gerundet und wie seine Gleitfläche am Abzugstollen auf Hochglanz gebracht. Eine ähnliche Behandlung erfahren auch die anderen Schenkel, wobei der zweite von links noch in der Winkelstellung zum Unterbrecher angeglichen werden muß. Der dritte darf weder in die Unterbrecherlaufbahn noch unter die Abzugstange geraten, und auch beim vierten ist mehr Druck als Reibung angesagt. Die genaue Druckverteilung auf den Abzugstollen (Fixierung und Abzugswiderstand Druckpunkt), den Unterbrecher (Funktion und antei-

Die Achsbohrungen an Hammer, Sear und Griffstück – hier an einer 45er Stock Gun – werden in zwei Arbeitsgängen durchgerieben.

Hammer und Sear auf dem Wilson-Sear-Bloc. Die Lehre entspricht den Einbauverhältnissen im Griffstück.

liger Abzugswiderstand Vorzug/Druckpunkt), die Abzugstange (anteiliger Abzugswiderstand Vorzug/Druckpunkt) und die Handballensicherung wird nach Einbau des Abzugsystems durch sparsames Nachbiegen der Schenkel vorgenommen. Jede unnötige Biegung verringert die dauerhafte Spannung. Erst nachdem die Passung der ineinandergreifenden Teile optimiert und ihre Reibung minimiert ist, wird die provisorische Lagerung aufgegeben. An ihre Stelle treten zwei gehärtete und geschliffene Achsen von King's und Al Marvel. Unter Berücksichtigung der nur 0,5 Millimeter hohen Spannrast werden die Lagerbohrungen von Hammer, Sear und Griffstück in zwei Arbeitsgängen pass- und fluchtgenau durchgerieben und garantieren auch in der Addition ein kaum meßbares Spiel. Denn je größer das Lagerspiel ist, um so mehr verschieben sich die Schloßteile unter wechselnder Last gegeneinander und halten keinen festen Druckpunkt. Die Prüfung des Rasteingriffs erfolgt auf dem Wilson-Sear-Bloc, einer Lehre, die den Einbauverhältnissen im Griffstück entspricht. Dies erleichtert nicht nur die Sichtkontrolle, sondern spart auch den ständigen Ein- und Ausbau von Hammer und Sear während der Bearbeitung. Da die Schloßteile von Chip McCormick bereits auf die Geometrie »leichter« Matchabzüge abgestimmt sind, braucht weder der Spannrastwinkel (90 Grad zur Abzugstollenachse), noch die Länge des Abzugstollens (10,5 Millimeter zwischen Achsmitte und Rastfläche) oder die Stellung der Rastfläche (90 Grad zur Abzugstollenachse) geändert zu werden – die spiegelblanken Flächen stehen schon parallel zueinander. Dagegen liegt der Spannrastwinkel serienmäßiger Abzüge von 1360 Gramm aufwärts eher unter 90 Grad und erhält erst als neuer Bezugspunk den rechtwinkligen Schliff. Weniger ratsam wären mehr als 90 Grad, weil dann die Abzugstollenfeder den Sear selbst bei hoher Spannung nicht mehr sicher hält und den Hammer gegebenenfalls mit dem vorlaufenden Schlitten »durchfallen« läßt (siehe Teilemarkt, Seite 93). Unter strikter Einhaltung der Mindestlänge von 10,3 Millimetern müssen oft auch die zugeordneten Abzugstollen nachgeschliffen werden.

»Jetzt vergessen wir mal die Theorie und verlassen uns ganz auf unser Gefühl«, läutet Konrad Krappmann

Die Abzugsteile werden so bearbeitet, daß der Sear »ohne zu ziehen« aus der Spannrast tritt.

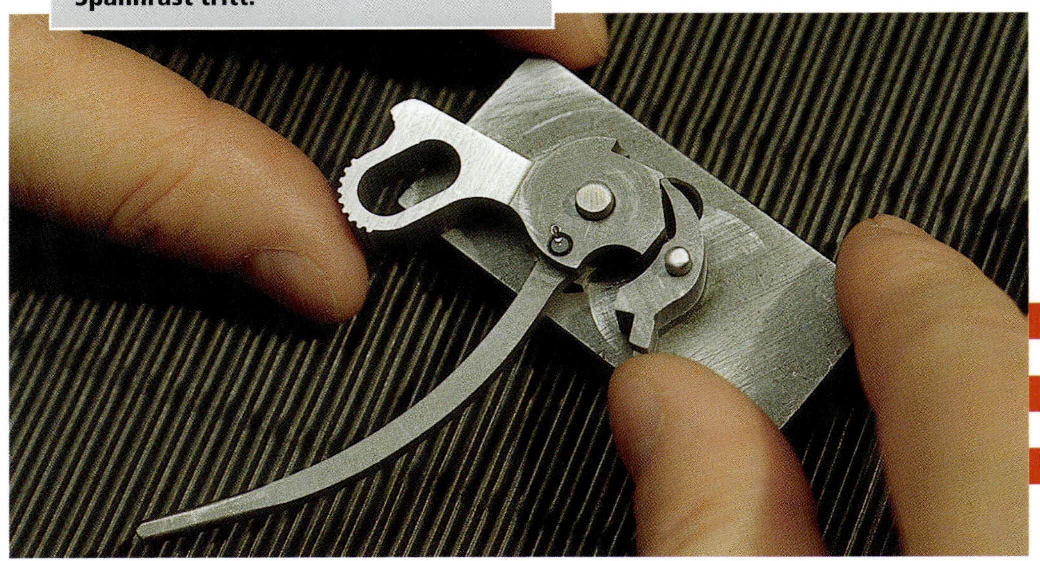

So wird geprüft, ob das Beavertail gegen die Schlagfederstange drückt.

sozusagen die heiße Tuningphase ein. Entgegen der Regel, wonach der Abzugstollen mit einem Kantenbruch an der Rastfläche unter 45 Grad aus der Spannrast treten soll, bestimmt er den Übergang allein nach dem Widerstand, den seine Finger an Hammer und Sear auf der Lehre spüren. Unter regelmäßiger Kontrolle entschärft er die kantigen Teile durch kaum sichtbare Rundungen, die an der Spannrast nur ein Zehntel auf 0,5 und an der Rastfläche ungefähr zwei Zehntel auf 0,7 Millimeter kosten und deshalb weder den sicheren Eingriff gefährden, noch die zu erwartende Standzeit verringern. Die eintuschierten Flächen und Rundungen sind so angelegt, daß der ausklinkende Abzugstollen bis zum Losbrechen des Hammers absolut gleichmäßig (»ohne zu ziehen«) in der Spannrast gleitet.
Drei bis vier Stunden setzt der Büchsenmacher für das vollständige Abzugstuning an. Darin enthalten sind auch der Einbau einer 19-Pfund-Feder in das Compolite-Schlagfedergehäuse, eine spezielle Ansenkung des Schlagfedertellers *(mainspring cap),* die Einpassung der Schlagfederstange und die Endeinstellung der Abzugstollenfeder nach dem gewünschten Abzugsgewicht. Für die relativ weiche Wilson-Schlagfeder *(reduced power)* sprechen ihr günstiger Einfluß auf die Gesamtcharakteristik sowie ihre vielfache Bewährung im Zusammenspiel mit den Stahl- und Titanteilen (Hammer und Schlagbolzen) von Chip McCormick: alle Zündhütchen bis zu Small Rifle werden problemlos abgeschlagen. Der Federteller wird über den ganzen Durchmesser konisch ausgedreht, um die Schlagfederstange immer zentrisch zu führen, und aus der Tiefe des Trichters resultiert die Stangenlänge, die dem entspannten Hammer am Griffstück gerade noch etwas Luft lassen soll. Im Nachbiegen der Vierschenkelfeder spiegeln sich zuletzt die BDS-Regeln wider: 250 Gramm Vorzug und 750 Gramm Druckpunkt gestatten den Einsatz der Pistole auch über das IPSC-Schießen hinaus.

Sicherheitsgarantie

Wegen einer möglichst spielfreien Arretierung der Abzugstange und des Abzugstollens können das Ed-Brown-»Memory-Groove«-Beavertail und die beidseitige King's-Extended-Ambi-Safety erst nach dem Abzugsystem eingepaßt werden. Diese letzte größere Tätigkeit beginnt mit dem Vorschleifen des nun wieder leeren Griffstücks unter Verwendung einer Schablone mit den Radien der Handballensicherung. Die entstandenen Grate werden routinemäßig entfernt, die Kanten gebrochen und die Lagerbohrungen bei eingesetz-

Griffstück und Sicherungen werden gemeinsam in Form gebracht.

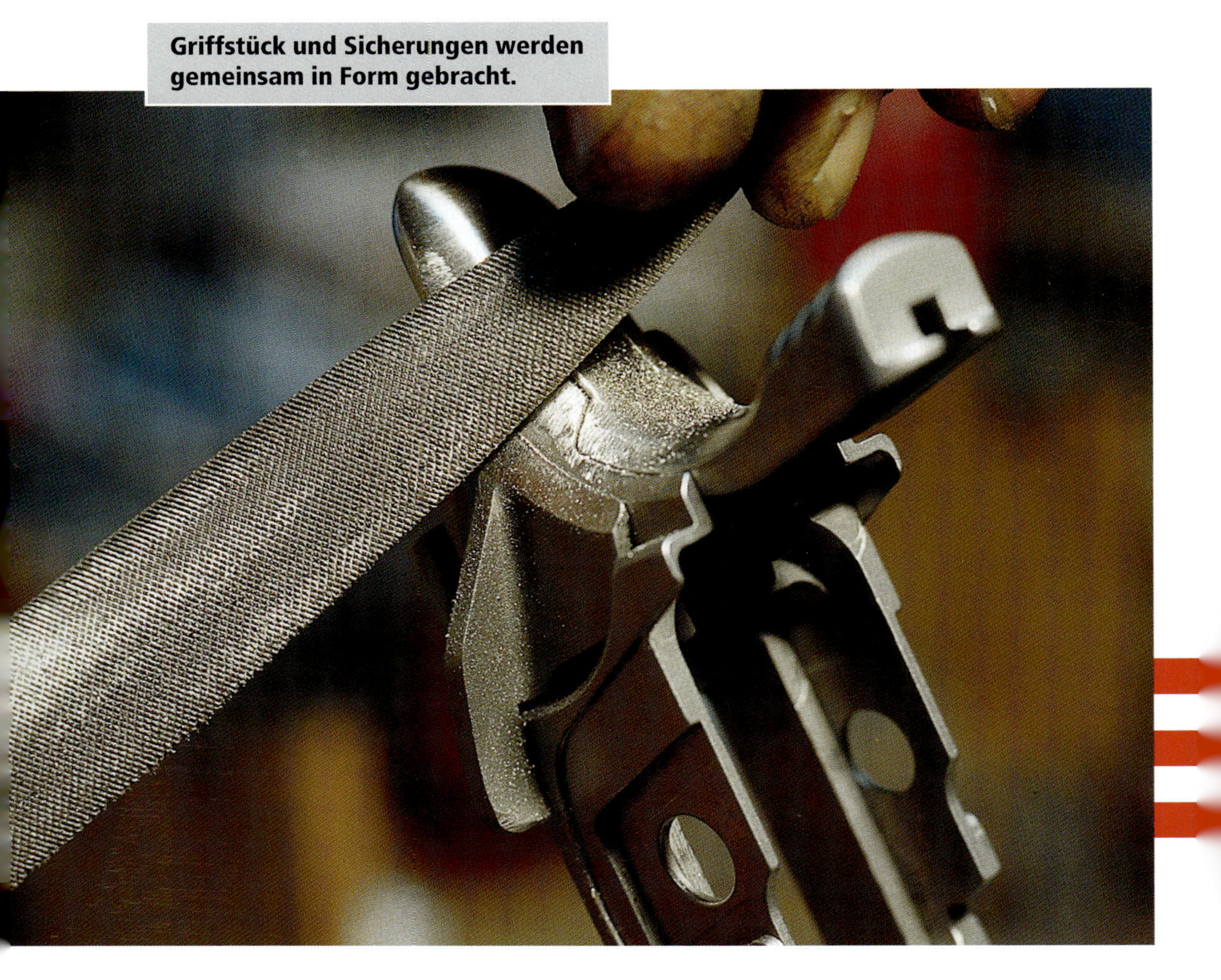

tem Beavertail durchgerieben. Dann folgt der Feinschliff, das Eintuschieren der Rundungen, das bereits auf der Achse der Daumensicherung vorgenommen wird, um den Abstand zur Handballensicherung in jeder Stellung gleich und klein zu halten. Auch die Übergänge zwischen Griffstück und Beavertail werden egalisiert, die noch rauhen Oberflächen geglättet und – nach der erneuten Installation des Abzugs – die durch Druck auf die Handballensicherung gestörte Beweglichkeit der Schlagfederstange wieder hergestellt.

Beim Einpassen der Daumensicherung schließlich profitiert Konrad Krappmann von der Verarbeitungsqualität

Eintuschieren des linken Flügels: Eine schmale Nut führt die Daumensicherung im Griffstück.

Sperrnocken vor (links) und nach der Bearbeitung.

bei King's. So brauchen weder die Innenseiten der Flügel plangeschliffen noch die angegossenen Hebel auf die Breite des Griffstücks zurückgesetzt werden. Seine Arbeit beschränkt sich auf die Erweiterung der eingestochenen Nut am Sperrnocken des linken Flügels, die für die Seitenführung der Sicherung in der Wandung des Griffstücks zuständig ist, eine Verlängerung der Nut, um dem durchlaufenden Schlitten genügend Abstand zu geben, und die Neugestaltung des Nockens bezüglich der Drehung und Sicherung des Abzugstollens. In der Originalform besteht die Gefahr, daß der durchschwingende Sear den Nockenkern streift oder die nicht ausdistanzierte

Sperrkante den Abzugstollen zu lange blockiert. Entgegen der üblichen Praxis, den Sear an der kritischen Stelle schräg abzuschleifen, wird der Nockenkern teilweise entfernt, die Sperrkante auf die volle Breite gezogen und so weit zurückgesetzt, daß die Sicherung den Abzugstollen immer rechtzeitig freigibt. Nach dem Einbau dreht sich die Sicherung leicht, hat wenig Spiel und rastet in den Endlagen mit einem sauberen Klick ein. Zur einwandfreien Funktion trägt auch die Schwalbenschwanzführung des rechten Flügels auf der Hammerachse bei: »Hier fällt unter Druck nichts auseinander.«

Anlage des Sperrnockens am Sear.

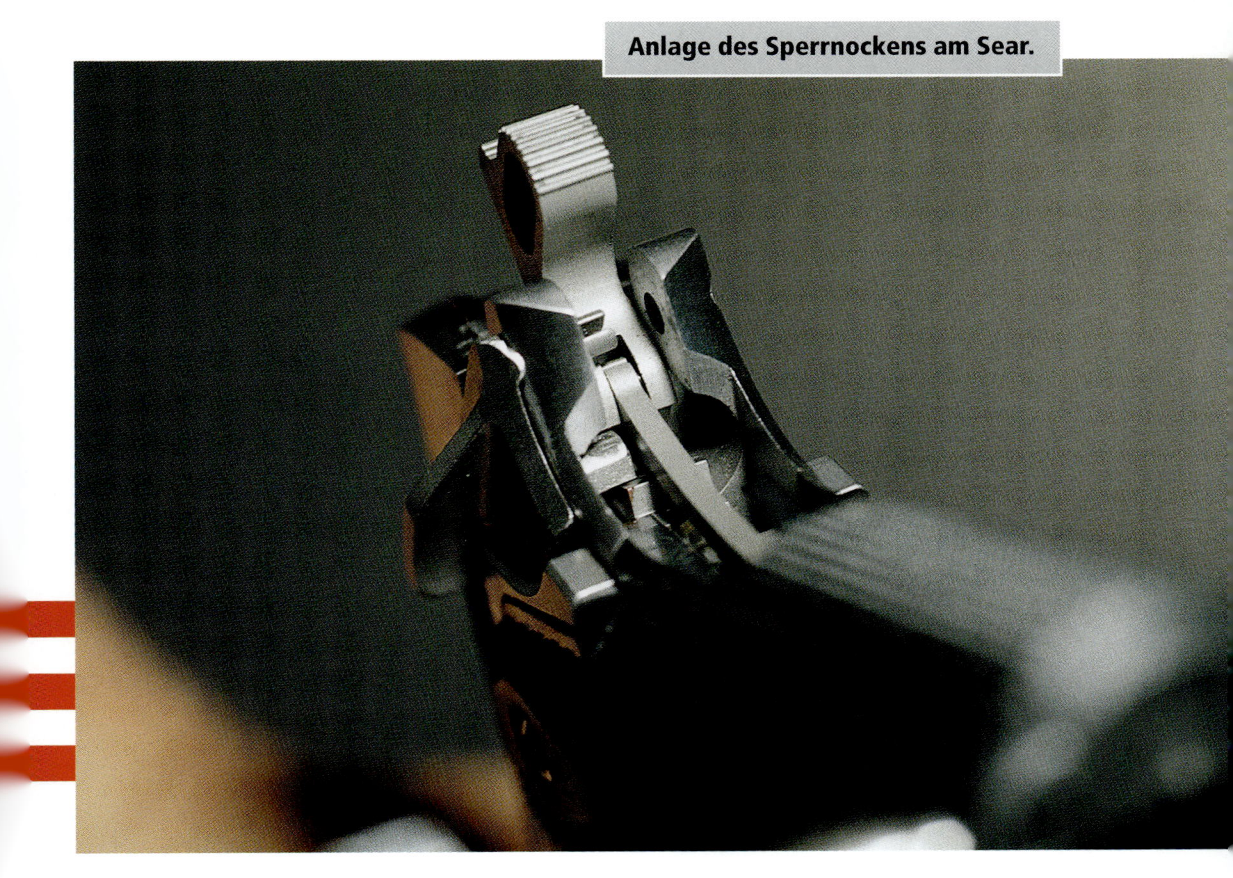

Elektroschock

Inzwischen ist auch die Entscheidung über das äußere Erscheinungsbild gefallen. Zwar tritt SK 3607 die Reise zum Beschußamt Suhl noch feingestrahlt und brüniert mit längsgeschliffenen Seitenflächen an, um eventuellen Nachbesserungen unbeschichtete Oberflächen zu bieten. Doch gleich nach dem Beschuß erhält die Pistole ein helleres Äußeres, eine hauchdünne Hartchromauflage als Alternative zu anderen Gestaltungsmöglichkeiten wie Nitrieren oder Vernickeln. Die Ausführung übernimmt die Stuttgarter Firma *Gebrüder Schoch Hartchrom GmbH (GeScho),* ein europaweit bekanntes Spezialunternehmen für hochwertige Industrie-Hartverchromung.

In der »Folterkammer« des Beschußamts Suhl: Gerhard Hauff bereitet die Pistole zur Fernbedienung vor.

Sicherheit beim Beschuß: Hydraulische Abzugsbetätigung und Hochschlagbegrenzung durch eine Teflonrolle.

Bevor die Pistole vorübergehend den Besitzer wechselt, tritt noch einmal der Büchsenmacher in Aktion. Entsprechend einer mittleren Chromdicke von 10 my setzt Konrad Krappmann die Führungsflächen des Griffstücks um 0,02 Millimeter zurück, um nach der Beschichtung wieder auf das ursprüngliche Schlittenlaufspiel von 0,03 bis 0,04 Millimeter zu kommen. Ein schwaches Reiben durch die prozeßbedingte Oberflächenrauhigkeit wird später mit Diamantschleifpaste beseitigt.

Als erster Arbeitsgang bei Schoch steht eine Grundreinigung von Griff- und Verschlußstück durch Strahlen mit Aluminiumoxid (Korund) und einer Glas-

Montage der Stromzuführung und Blenden. Die Blendung verhindert größere Schichtdickentoleranzen durch unterschiedliche Stromstärken an Flächen und Kanten.

Das Werkstück wird zum Aufrauhen ins Chrombad eingebracht.

Verchromungsmeister Joachim Rath stellt am elektronischen Schaltschrank des Pulsgleichrichters die Beschichtungsparameter ein.

mischung an, die gleichzeitig die Brünierung entfernt. Das Strahlgut ist so fein (Korn 320), daß die Führungen und andere maßhaltige Stellen nicht abgedeckt zu werden brauchen. Von diesem Augenblick an kommen die beiden Werkstücke nur noch mit behandschuhten Händen in Berührung.

Nach dem Strahlen werden Griff- und Verschlußstück in Perchloräthylen (PER)-Dampf zum ersten Mal entfettet und anschließend montiert. Die Montage umfaßt den Stromanschluß der später kathodisch angeschlossenen Teile sowie die Blendung von Kanten und Stirnflächen zur Vermeidung einer ungleichmäßigen Beschichtung durch die physikalische Stromliniengeometrie – unterschiedliche Stromstärken würden den Chromaufbau derart beeinflussen, daß die angestrebte Schichtdickentoleranz von maximal 2 my nicht erreicht werden könnte. Die Wirkung der Blenden wird durch die Chromablagerung (Knospenbildung) an ihrer Konstruktion sichtbar. Gegebenenfalls beinhaltet die Montage auch Abdeckungen durch Folie, Lack oder Stopfen wie in den Gewindebohrungen für das C-More-Sight.

Welche Bedeutung der restlosen Entfettung zukommt, zeigt die zweite Intensivbehandlung mit PER. Erst danach erfolgt das elektrolytische Aufrauhen der

Bei der Hartverchromung tritt eine deutlich sichtbare Wasserstoffentwicklung ein.

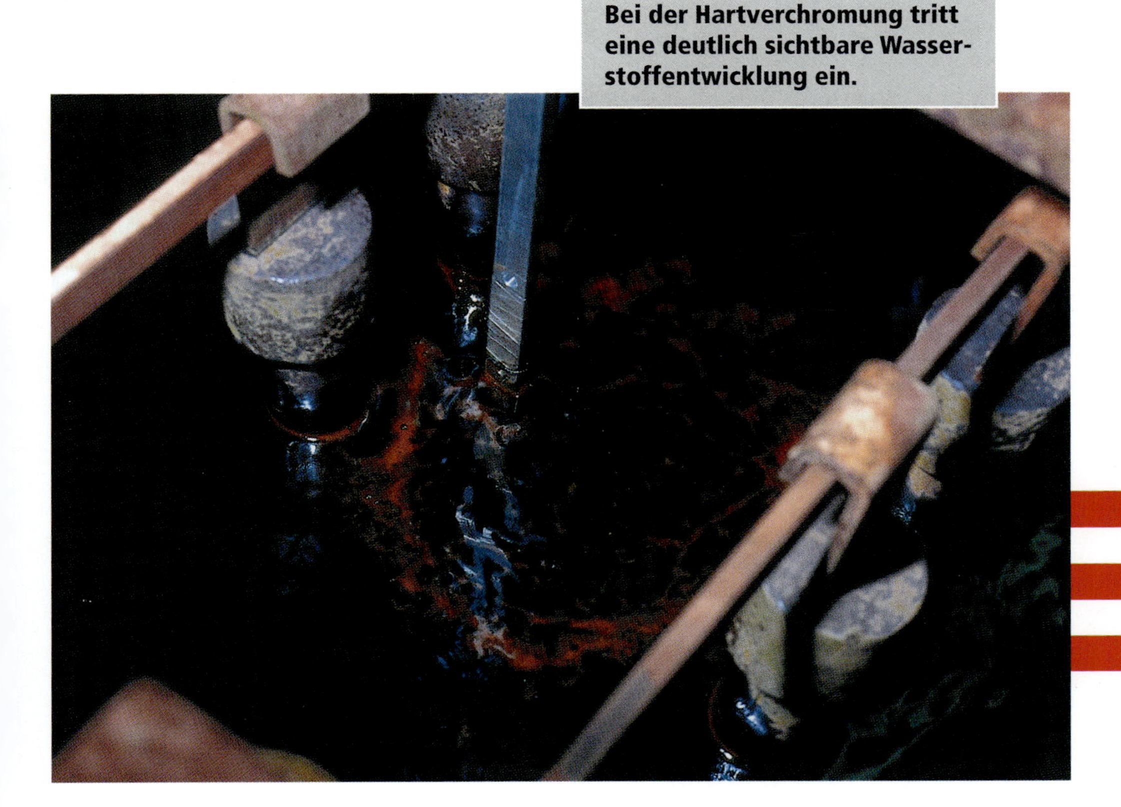

Entnahme des Werkstücks aus dem Hartverchromungsbad. Auf dem Griffstückoberteil befindet sich noch Restelektrolyt und die Blendung zeigt Wirkung durch Chromknospen.

beiden Werkstücke im Chrombad, einer Lösung von 180 g/l CrO_3 schwefelsauer. Der Elektrolyt ätzt die Oberflächen zur besseren Haftung der Chrom-Ionen im Kristallgitter des Grundmaterials leicht an. Zur eigentlichen Hartverchromung werden die Teile für ungefähr eine Stunde in einen Elektrolyten von 250 g/l CrO_3 schwefelsauer eingebracht und bei 55 Grad Celsius und einer Stromdichte von 40 bis 50 A/dm^2 mit den vorgegebenen 10 my beschichtet. Der Prozeß endet mit einer Reinigung in drei Spülschritten durch entionisiertes Wasser, $NaHSO_3$ (Neutralisation) und klares Wasser.

Noch in den Blenden werden die beiden Werkstücke einer strengen Sichtprüfung unterzogen. Besonders das Griffstück hat so viele Ecken und Kanten, daß auch in der Struktur erkennbare ungleichmäßige Ablagerungen möglich wären. Mehr als homogene, seidenmatte Oberflächen entdeckt aber auch der Verchromungsmeister nicht und reicht die fertigen Teile nach der Abmontage in die Meßtechnik weiter. Dort bestätigt die Schichtdickenprüfung nach Dr. Fischer einen Mittelwert von 10 my bei maximal +/- 2 my Abweichung.

Die Härteprüfung nach Vickers ergibt 900 bis 1100 HV und das Perthometer weist eine Rauhtiefe von Rz 9 bis 10 my aus.

Über Geschmack läßt sich nicht streiten. So findet auch SK 3607 nach der Hartverchromung nicht überall Zustimmung. Selbst Konrad Krappmann ist sich nicht sicher, »... ob sie mir schwarz nicht doch besser gefallen hat?« Objektiv gesehen sind die beschichteten Oberflächen jedoch widerstandsfähiger gegen Korrosion und Verschleiß und erleichtern die Pflege.

Begutachtung des Werkstücks nach dem letzten Spülgang.

2011
SK 3607

SK 3607 vor der Montage.

Feuertaufe

Zehn Monate liegen zwischen dem ersten Feilenstrich und dem ersten Schuß mit der fertigen Pistole – endlose Feierabende für den Büchsenmacher und seinen journalistischen Begleiter. Allein der Zeitaufwand für die Fotos hätte leicht zum Klonen der Krappmann-STI gereicht. Doch auf dem Stand sind alle Mühen schnell vergessen: SK 3607 schießt, als hätte sie ihre Erprobung längst hinter sich. BDS-Laborierungen »laufen« mit der Neunpfund-Feder, IPSC-Laborierungen mit der Elfpfund-Feder und nach einer halben Stunde läuft alles mit der Elfpfund-Feder. Ein letztes Hakeln wird mit Castrol Racing »weggeschmiert«, denn was einem Race Car nützt, kann einer Race Gun nicht schaden.

Laborierungen für Krappmann-STI mit Nowlin-Matchlauf im Kaliber .38 Super Automatic und Dreikammerkompensator

Pulver (gr)	Geschoß (gr)	Zünder	Patronenlänge (mm)
7,0 Kemira 3N37	Win. 124 VMRK	SP	32
7,3 Kemira 3N37	Win. 124 VMRK	SP	32
7,5 Kemira 3N37	Win. 124 VMRK	SP	32
9,3 Alliant Blue Dot	Win. 130 VMRK	SP	32
10,3 Alliant Blue Dot	Win. 130 VMRK	SP	32

Gasdruck (bar) *	v_2 (m/s)	Faktor (BDS/IPSC)	Streukreis (mm) **
-	355	144	37
-	380	155	34
2077	394	160	29
1863	374	159	30
2250	415	177	41

* *Piezo-Quarzmessung des Beschußamts Ulm. Bei dieser Meßmethode beträgt der höchstzulässige Gebrauchsgasdruck für das Kaliber .38 Super Automatic zur Zeit 2250 bar*

** *Fünfergruppe, 25 m aufgelegt*

Technische Daten Krappmann-STI .38 Super

Modell	Krappmann-STI .38 Super
Kaliber	.38 Super Automatic
Hersteller	Krappmann Custom, Bretzfeld
Büchsenmacher	Konrad Krappmann
Griffstück	STI 2011 High Capacity, Karbonstahl 4140 (gefräst, 29 HRC) und Kunststoff (Compolite) in Verbundbauweise. Im Set enthalten: »Ultralight«-Kunststoffabzug mit gegabelter Titanstange, Kunststoff-Schlagfedergehäuse, Magazinhalter und ein Standardmagazin für 19 Patronen .38 Super Automatic
Verschlußstück	Les Baer, geschmiedet und gefräst, 40 HRC. Durch Skelettierung um 55 Gramm erleichtert
Lauf	Gezogener Nowlin-Rampenlauf (sechs Züge rechtsdrehend, Drallänge 406 mm) mit Schraubkonus und Dreikammerkompensator
Schließfedersystem	Lange Nowlin-Federführungsstange mit Querbohrung, Nowlin-Schließfederbüchse, Nowlin- oder Wilson-Schließfedern nach Wahl (sieben bis zwölf Pfund), Wilson-Shok-Buff
Verschlußfanghebel	Wilson, 9 mm/.38
Unterbrecher	Ed Brown (gefräst)
Hammer	CMC, Nastoff
Abzugstollen	CMC, Standard Sear Deluxe
Achsen	King's und Al Marvel (gehärtet und geschliffen)
Abzugstollenfeder	Clark, Vierschenkelfeder
Abzugsgewicht	1000 g
Schlagfederstange	CMC (Titan)
Schlagfederteller	CMC (Titan)
Schlagfeder	Wilson (19 Pfund)
Schlagbolzen	CMC (Titan)

Schlagbolzenfeder	Wilson
Schlagbolzenplatte	Wilson
Auszieher	Ed Brown (überarbeitet)
Auswerfer	King's (überarbeitet)
Kleinteile	Gun Craft, Match Grade Pin Set
Handballensicherung	Ed Brown, »Memory Groove«
Daumensicherung	King's, Extended Ambi Safety
Visierung	C-More-Leuchtpunktvisier

Maße und Gewichte

Länge	258 mm
Breite am Magazinschacht/ am Magazinhalter/ an der Daumensicherung	32,8 / 36,7 / 37,6 mm
Breite am C-More-Sight	33 mm
Höhe ohne C-More-Sight	140 mm
Höhe mit C-More-Sight	191 mm
Lauflänge	137 mm
Griffstück mit Schrauben, ohne Abzug, Magazinhalter und Schlagfedergehäuse	285 g
Verschlußstück original	350 g
Verschlußstück skelettiert	295 g
Lauf mit Kompensator	245 g
C-More-Sight	115 g
Standardmagazin (19 Patronen)	125 g
Pistole mit C-More-Sight und Magazin	1235 g

Arbeitszeit

Passung Verschlußstück/ Griffstück	4 h
Passung Lauf/Griffstück inkl. Fräsarbeiten	2 h
Lauf zurückpassen	30 min

Bearbeitung Laufhaken, Kette und Schlittenfanghebel	4 h
Passung Lauf/Verschlußstück/ Federführungsbüchse	2 h
Bearbeitung Patronenlager (Verschlußabstand, Zuführung, Ausziehereintritt)	2 h 30 min
Passung Laufmündung/ Verschlußstück	2 h
Axialspiel und Verriegelung	2 h
Lauf ablängen, Kompensator und Verschlußstück anpassen	2 h
Überarbeitung Gleitflächen, Prüfung mit Schließfeder-system	1 h 30 min
Bearbeitung Federführungs-stange	1 h
Abzugstuning:	
– Abzugstange	10 min
– Unterbrecher	20 min
– Abzugstollenfeder	1 h
– Achsen	30 min
– Hammer/Abzugstollen	2 h
Sicherungen anpassen	3 h
Montage Leuchtpunktvisier	2 h
Verschlußstück planen und entgraten	1 h
Griffstück ausfeilen	45 min
Verschlußstück ausarbeiten: – Auswurffenster vergrößern – Stoßboden bearbeiten – Schlagbolzenbohrung konisch nachreiben – Abschluß am Griffstück egalisieren – Seitenflächen polieren	3 h
4 Magazine anpassen	2 h
Gesamt:	**39 h 15 min**

Materialkosten inkl. MWSt. (Dollarkurs 1.80 DM)

Griffstück, 1 Magazin	977,00 Mark
Verschlußstück	580,00 Mark
Lauf mit Konus, Kompensator und Schließfedersystem	915,00 Mark
Verschlußfanghebel	74,00 Mark
Hammer	113,90 Mark
Abzugstollen	65,00 Mark
Unterbrecher	55,00 Mark
Achsen	39,00 Mark
Abzugstollenfeder	24,00 Mark
Schlagfederstange	42,00 Mark
Schlagfederteller	22,00 Mark
Schlagfeder	12,00 Mark
Schlagbolzen	44,50 Mark
Schlagbolzenfeder	16,00 Mark
Schlagbolzenplatte	49,00 Mark
Auszieher	69,00 Mark
Auswerfer	55,00 Mark
Kleinteile	47,00 Mark
Handballensicherung	103,50 Mark
Daumensicherung	159,00 Mark
C-More-Leuchtpunktvisier	698,00 Mark
Gesamt:	**4159,90 Mark**

Preis inkl. MWSt.

39 h 15 min à 70,00 Mark	2747,50 Mark
Teile	4159,90 Mark
Gesamt:	**6907,40 Mark**

Race Guns und andere

Race Guns und andere

Black Beauty

MCM Signature Series

MCM Signature Series – eine Wettkampfwaffe ohne modische Gags.

Caspian-Teile, C-More-Serendipity-SL, Schuemann-Hybricomp und ein Kompensator eigener Fertigung sind bei MCM Standard.

Matthew McLearn betrachtet alles sehr nüchtern. Wie der IPSC-Champion nach eigenem Bekunden »nur schießt, um zu gewinnen«, so baut er auch seine Custom Machines: nackte, funktionstüchtige Schießmaschinen ohne jeden Schnickschnack. Statt Zeit und Material nutzlos an modische Einfälle zu verschwenden, bietet er seiner internationalen Kundschaft Technik pur, erstklassig verarbeitete Matchpistolen in jedem Detail.

Der 34jährige gebürtige Kanadier arbeitete als gelernter Büchsenmacher bei *Evolution Gun Works (EGW)* und Nowlin in den Vereinigten Staaten, gründete 1993 *Matt McLearn's Custom Machines (MCM)* in Clare-

MCM-Tribrid: Kompaktbauweise durch integrierten Kompensator. Der »Pfeifenlauf« hat eine Dralllänge von 813 Millimetern.

more/Oklahoma und stellte seither über 350 IPSC-Pistolen für die Standard- und Offene Klasse her. Viele seiner Stock Guns und die meisten Race Guns der Competition-Pro- und Signature-Series profitieren von Bob Kriegers leichtgängiger und präziser Schlittenführung ACC-U-RAIL, ein MCM-Markenzeichen zum Aufpreis von 215 Dollar. Als Team-Caspian-Schütze verarbeitet er am liebsten Caspian-Teile, berücksichtigt aber auch Kundenwünsche nach anderen Griffstücken. Das abgebildete Topmodell aus der Signature Series entspricht weitgehend seinen eigenen Wettkampfpistolen und gründet folgerichtig auf dem Caspian-High-Capacity-Griffstück zweiter Gene-

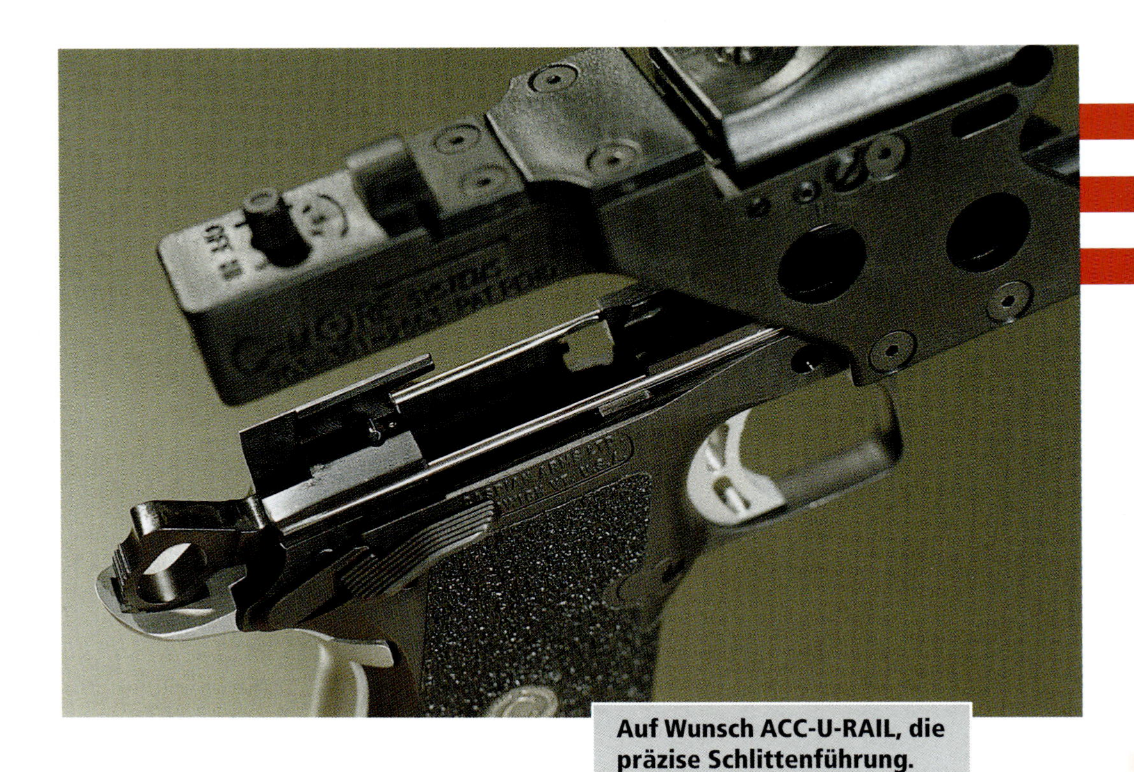

Auf Wunsch ACC-U-RAIL, die präzise Schlittenführung.

ration sowie einem aus dem vollen gefrästen Caspian-Verschlußstück. Beide zeichnen sich durch dezente Überarbeitung ihrer überwiegend mattschwarzen Oberflächen aus und zeigen im Führungsbereich die zusätzlichen Ausfräsungen für die rundgeschliffenen Stahleinlagen des ACC-U-RAIL-Systems. »Fahrradspeichen« nennt Georg Fabricius, der deutsche MCM-Repräsentant und -Schütze, diese 1,95 Millimeter dicken und 82,5 Millimeter langen Führungsstäbe, weil sie zur Fixierung im Griffstück an einem Ende gekröpft und ihnen auch sonst nicht unähnlich sind. Durch unterschiedliche Stärken kann das Schlittenlaufspiel beliebig ein- und ohne besonderen Aufwand auch nachgestellt werden. An der vorliegenden Pistole läuft das Verschlußstück mit 0,03 Millimetern buchstäblich wie auf Schienen. Von den wenigen Möglichkeiten, Faustfeuerwaffen im Schuß wirkungsvoll zu stabilisieren, nutzt Matthew McLearn konsequent die Schuemann-Hybricomp- oder Tribrid-Systeme, sogenannte »Pfeifenläufe« mit vier oder fünf Querbohrungen hinter einem angeschraubten Kompensator oder

acht Bohrungen und drei integrierten Kompensatorkammern vorn an der Mündung – zu oft schon hat er seinen Konkurrenten damit erfolgreich den Marsch geblasen. Die im Juli 1997 gebaute 01524 H besitzt einen 137 Millimeter langen Hybricomp-Rampenlauf mit fünf trichterförmigen Gasentlastungsbohrungen von 4,8 Millimeter Innen- und 6,5 Millimeter Außendurchmesser. Der erste und zur Schonung der Frontlinse eines Leuchtpunktvisiers um 15 Grad in Schußrichtung geneigte »Booster« hält 62 Millimeter Abstand vom Patronenlager, der zweite folgt nach weiteren neun Millimetern und zwischen den restlichen drei liegen jeweils 6,6 Millimeter. Aus der Wandstärke des Laufs und der Höhe des Sattels ergibt sich eine Durchschnittslänge der Bohrungen von 6,8 Millimetern. Der Lauf trägt einen MCM-Vierkammerkompensator mit senkrechten Prallflächen, ist an Patronenlager, Konus und Sattel mit gerade noch spürbarem Spiel eingepaßt und verriegelt 1,3 Millimeter hoch.
Neben dem angenehmen Schußverhalten und einer Präzision, die auch Major-Laborierungen mit Faktor 180

Konuslauf und Lochsattel werden direkt im Caspian-Barstock-Slide geführt.

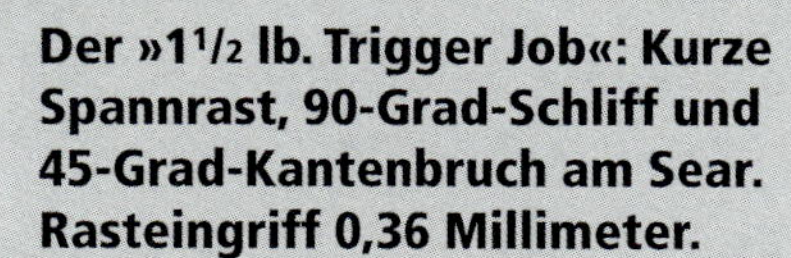

Der »$1^{1}/_{2}$ lb. Trigger Job«: Kurze Spannrast, 90-Grad-Schliff und 45-Grad-Kantenbruch am Sear. Rasteingriff 0,36 Millimeter.

aus 25 Metern nicht über 30 Millimeter streuen läßt, beeindruckt vor allem der »1 1/2 lb. Trigger Job«. Zwar sind es knapp 800 Gramm, die an der Federwaage ziehen, doch der Abzug kommt so kurz und trocken, daß die Differenz zwischen Anspruch und Wirklichkeit den Griff nach der Abzugstollenfeder nicht lohnt. Der Trigger Job besteht hauptsächlich darin, die Rasten der Caspian- und EGW-Schloßteile in hoher Oberflächenqualität parallel zueinander zu schleifen und den Rasteingriff durch Kantenbruch am Sear von 0,5 auf 0,36 Millimeter zu verringern. Selbstverständlich gleitet der serienmäßige Caspian-Leichtmetall/Stahltrigger ohne spürbaren Widerstand in den geglätteten Führungsnuten des Griffstücks, und ebenso selbstverständlich sind Unterbrecher und Sear-Feder korrekt abgelängt, eingepaßt und an allen Berührungspunkten mit anderen Abzugsteilen auf Hochglanz poliert. Matthew McLearn verwendet eine Dreischenkelfeder, deren linke Zunge genau in der Mitte des Mitnehmers am Abzugstollen angreift. Zur Grundausstattung der Pistole gehören ein kurzer gecheckerter Schlittenfanghebel, ein langer gecheckerter Magazinhalter, eine beidseitige Daumensicherung, eine Leichtmetall-Griffsicherung und ein gecheckertes Leichtmetall-Schlagfedergehäuse, wobei die hellen, feingestrahlten

»Nachtschießen« mit der MCM.

Tips vom Weltmeister: Matt McLearn in seiner Safe, Practical and Sensible Shooting School. Auch Georg Fabricius ist ganz Ohr.

Caspian-Aluteile einschließlich des Triggers wirkungsvoll mit der Brünierung kontrastieren. Schlittenfanghebel, Daumensicherung und Magazinhalter werden von starken Federn gehalten, um die Funktionstüchtigkeit der Waffe auch in der Hektik eines Wettkampfs nicht zu beeinträchtigen, und für Griffigkeit sorgt ein selbstklebendes Grip Tape nach Art der Skateboard-Beläge. Auf Wunsch sind Matt McLearn's Custom Machines mit allen gängigen Leuchtpunktvisieren erhältlich. Bevorzugt montiert er das 115 Gramm schwere C-More-Sight, das durch sein geringes Gewicht keiner zusätzlichen Verstärkung des dünnwandigen Dust Cover bedarf; immerhin tragen die sechs feingewindigen Senkkopfschrauben auf zweieinhalb Gängen und sind mit Loctite 271 gesichert. Das C-More-Sight sitzt so weit hinten und so tief wie möglich, steht hinten fünf Millimeter über und läßt dem oben abgeflach-

ten Schlitten rundum nur 1,4 Millimeter Luft. Dennoch werden die Hülsen durch das extrem weit geöffnete Fenster problemlos ausgeworfen.
Bei näherer Bekanntschaft bestätigt die Race Gun vom Weltmeister schnell, was mittlerweile auch schon eine größere MCM-Gemeinde in Deutschland weiß: Störungen treten nur auf, wenn die Munition nicht zu Feder und Hybricomp paßt, die Pistole liegt über jede Einbildung hinaus ruhig im Feuer und ihre Treffgenauigkeit würde auch den Ansprüchen eines Großkaliber-Präzisionsschützen genügen. Petra Tutschke stellte dies 1997 mit zwei Titeln bei den Deutschen Meisterschaften IPSC und BDS-Mehrdistanz I eindrucksvoll unter Beweis. Die nachfolgenden Laborierungen sind Empfehlungen des Meisterschaftsdritten und Shoot-off-Siegers Georg Fabricius.

Laborierungen für MCM Signature Series mit Schuemann-Hybricomp-Lauf (fünf Bohrungen) im Kaliber .38 Super Automatic

Pulver (gr)	Geschoß (gr)	Zünder	Patronenlänge (mm)
8,8 Hodgdon HS-6	Win. 115 VMRK	SP	32
10,3 Kemira N 105	Win. 124 VMRK	SP	32
8,3 Kemira 3N37	Win. 130 VMRK	SP	32
10,3 Alliant Blue Dot	Win. 130 VMRK	SP	32
7,0 Kemira 3N37	Win. 147 VMKS	SR	32

Gasdruck (bar) *	v_2 (m/s)	Faktor (BDS/IPSC)	Streukreis (mm) **
1812	366	138	34
2091	433	176	19
2356	387	165	19
2250	415	177	28
2209	337	163	22

* *Piezo-Quarzmessung des Beschußamts Ulm. Bei dieser Meßmethode beträgt der höchstzulässige Gebrauchsgasdruck für das Kaliber .38 Super Automatic zur Zeit 2250 bar*

** *Fünfergruppe, 25 m aufgelegt*

Technische Daten MCM Signature Series

Modell	Signature Series
Kaliber	.38 Super Automatic
Hersteller	Matt McLearn's Custom Machines (MCM), Claremore/Oklahoma, USA
Büchsenmacher	Matthew McLearn
Griffstück	Caspian High Capacity zweite Generation, Feinguß, Karbonstahl 4130, 31 HRC. MCM-Ausstattung: Leichtmetallabzug mit Stahlgestänge, Leichtmetall-Schlagfedergehäuse (rund oder gerade), Leichtmetall-Handballensicherung, doppelseitige Caspian-Daumensicherung, langer Magazinhalter und vier Standardmagazine für 19 Patronen .38 Super Automatic, auf Wunsch auch Magazine für 22 oder 27 Patronen
Verschlußstück	Caspian, Karbonstahl 4140, gefräst, 39 HRC, zur Aufnahme des Schuemann-Hybricomp-Laufs ausgeschnitten und zur Tieferlegung des Leuchtpunktvisiers oben abgeflacht. Auswurffenster maximal vergrößert. Führung auf dem Griffstück durch ACC-U-RAIL
Lauf	Gezogener Schuemann-Konuslauf (sechs Züge rechtsdrehend, Drallänge 406 mm) mit Rampe, fünf Gasentlastungsbohrungen und MCM-Vierkammerkompensator
Schließfedersystem	Lange, einteilige MCM-Federführungsstange mit Querbohrung, EGW-Federführungsbüchse, Caspian-Schließfedern nach Wahl (acht bis 14 Pfund)
Verschlußfanghebel	Caspian
Unterbrecher	Caspian
Hammer	Caspian
Abzugstollen	EGW, Competition Sear

Abzugstollenfeder	Caspian, Dreischenkelfeder
Abzugsgewicht	800 g
Schlagfederstange	Caspian
Schlagfederteller	EGW
Schlagfeder	Caspian
Schlagbolzen	Caspian
Schlagbolzenfeder	Caspian
Schlagbolzenplatte	EGW
Auszieher	Caspian, 9 mm/.38
Auswerfer	Caspian
Handballensicherung	Caspian, Hi Ride Grip Safety
Daumensicherung	Caspian
Visierung	C-More-Leuchtpunktvisier

Maße und Gewichte

Länge	267 mm
Breite am Grip Tape / am Magazinhalter / an der Daumensicherung	28,6 / 33,3 / 38,5 mm
Höhe ohne C-More-Sight	138 mm
Höhe mit C-More-Sight	191 mm
Lauflänge	137 mm
Abstand der ersten Gasentlastungsbohrung vom Patronenlager	62 mm
Griffstück ohne Abzug, Magazinhalter und Schlagfedergehäuse	436 g
Verschlußstück	313 g
Lauf mit Kompensator	288 g
C-More-Sight	115 g
Standardmagazin (19 Patronen)	87 g
Pistole mit C-More-Sight und Magazin	1425 g
Preis inkl. MWSt.	**6500 Mark (1998)**

MCM Limited – eine »Full-House-45er«.

Standardpistole

MCM Limited Series

Gäbe es schon den Titel »Full House Stock Gun«, dann hätte Matthew McLearn's Limited im Kaliber .45 ACP sicherlich Anspruch darauf. Denn in der Qualität ihrer Bauteile, Verarbeitung und Ausstattung hat diese IPSC-Standardpistole alles, was sie im Parcours braucht: Zuverlässigkeit, ausreichende Feuerkraft, ein gutes Handling, einen leichten Abzug und hohe Präzision. Dazu ein Äußeres, das ihre Funktionalität noch unterstreicht.
Da die Hausmarke für Patronen der Neunmillimeter-Kalibergruppe ausgelegt und im Sport nur bis .40 S&W zugelassen ist, baut der frühere Welt-

Bob Kriegers ACC-U-RAIL im Detail.

2011
SK 5297

Vorbildlich gepaßter Lauf und optimal genutzte Verriegelungshöhe.

meister seine High-Capacity-Fünfundvierziger mit Griffstücken von Para-Ordnance oder Strayer Tripp International. In diesem Fall ist es der Typ 2011 von STI, der nach entsprechender Bearbeitung einen Schuemann-Rampenlauf und die Schienen des ACC-U-RAIL-Systems aufnimmt. Die eingestochene Rampengasse ist gerade so breit, daß sie dem Laufhaken 0,1 Millimeter Seitenspiel gibt, und tief genug, um den entriegelten Lauf im Laufbett aufliegen zu lassen. Unter der Rampengasse erhält ein Steg von 6,25 Millimetern die volle Stabilität des Stahlrahmens.

Die Wahl des Verschlußstücks unterliegt keinen vergleichbaren Einschränkungen. Beinahe zwangsläufig ergibt sich daher die Kombination des STI-Griffstücks mit einem Caspian-Barstock-Schlitten, der »aus dem Block« gefräst und 39 Rockwell hart ist. Das sorgfältig bearbeitete Teil führt den Bull Barrel in den Backen des Stoßbodens und am Konus mit Toleranzen von 0,1 beziehungsweise 0,01 Millimetern und läuft nach Konrad Krappmann selber spielfrei auf den Accu-Schienen: »Jede andere Beurteilung wäre eine Beleidigung des Kollegen«. Wie bei der 38er tangiert der vergrößerte Hülsenauswurf bereits die Auszieherbohrung, und anstelle des ursprünglich vorgesehenen Bo-Mar-Visiers tritt wahlweise die abgebildete Caspian-Kimme oder die gleiche Kimme mit Ghost-Ring-Blatt.

Ein strammer Sitz verhindert ein eventuelles Verschieben der Schlagbolzenplatte, die auch den leicht vorgespannten Auszieher sicher in Position hält, und ihr sauber gerundeter und polier-

Formschlüssiges Laufhakenprofil.

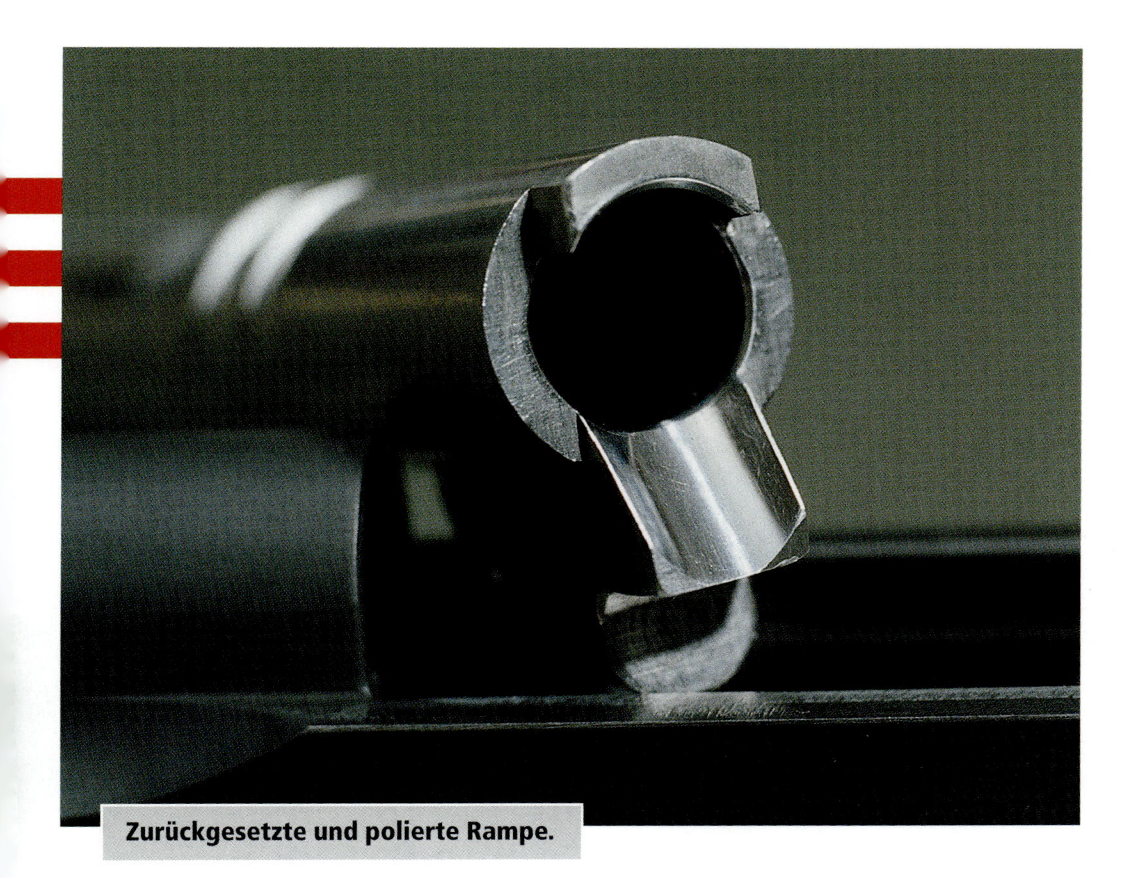

Zurückgesetzte und polierte Rampe.

ter Abschluß bringt den Hammer ruckfrei auf die Steuerschiene.
Der 127 Millimeter lange und an der Mündung bis zu 3,2 Millimeter dicke Konuslauf ist so ins Griffstück eingepaßt, daß der Laufhaken am Anschlag geschlossen bleibt. Dennoch reicht der Platz für ein Profil, das den Lauf bis zur Entriegelung nach 3,4 Millimetern parallel zum Verschlußstück hält. Während der Verriegelung steht die Steuerkurve formschlüssig auf der Fanghebelachse und hebt die Laufwarzen einen Millimeter hoch in die Arretierung. Die vertiefte Rampe überschneidet den Rand des Patronenlagers, und unter dem

Abzugstuning nach Matthew McLearn.

Lauf arbeitet ein ungedämpftes Schließfedersystem mit Querbohrung für einen Wartungsstift. Eine Schräge am Kopf der langen Federführungsstange schützt das Laufhakenprofil. Beim Aufbau des STI-Griffstücks greift Matthew McLearn auf die schon passend mitgelieferten Ed-Brown-Sicherungen zurück.
Entgegen der STI-Praxis mit den Eagle-Custom-Guns schleift er jedoch nicht den Abzugstollen nach der Daumensicherung, sondern den Sperrnocken des linken Sicherungsflügels nach der Anlagefläche am Sear. Außer der beidseitigen Tactical Safety und dem »Memory-Groove«-Beavertail mit den »Erinnerungsnoppen für das Muskelgedächtnis« (so die Werbung), ist auch der Kunststoff/Titan-Trigger Teil der serienmäßigen STI-Ausstattung.
Wieder imponiert der Trigger Job. Matthew McLearn bietet knapp 1000 Gramm, indem er den Rasteingriff durch Kürzung der Spannrast und Kantenbruch am Sear auf 0,35 Millimeter reduziert und die für ihn obligatorische Dreischenkelfeder darauf abstimmt. Spannrast und Rastfläche der beiden Caspian- und EGW-Teile sind in hoher Oberflächenqualität rechtwinklig geschliffen und verhindern durch ihre Planlage in Spannstellung, daß der auf so kleiner Fläche gehaltene Hammer hinter dem weiterlaufenden Schlitten durchfällt. Weniger MCM-like ist ein leichtes Kriechen durch unterdimensionierte Achsen.

Laborierungen für MCM Limited Series im Kaliber .45 ACP

Pulver (gr)	Geschoß (gr)	Zünder	Patronenlänge (mm)
Winchester-Fabrikmun.	Win. 230 VMRK	-	32
5,0 Kemira N 320	Magic M. 200 SWC	LP	31,5
5,1 Kemira N 320	RPG 200 SWC	LP	31,5

Gasdruck (bar) *	v_2 (m/s)	Faktor (BDS/IPSC)	Streukreis (mm) **
-	248	187	37
985	260	171	46
-	266	175	45

* *Piezo-Quarzmessung des Beschußamts Ulm. Bei dieser Meßmethode beträgt der höchstzulässige Gebrauchsgasdruck für das Kaliber .45 ACP zur Zeit 1300 bar*
** *Fünfergruppe, 25 m aufgelegt*

Technische Daten MCM Limited Series

Modell	Limited Series
Kaliber	.45 ACP
Hersteller	Matt McLearn's Custom Machines (MCM), Claremore/Oklahoma, USA
Büchsenmacher	Matthew McLearn
Griffstück	STI 2011 High Capacity, Karbonstahl 4140 (gefräst, 29 HRC) und Kunststoff (Compolite) in Verbundbauweise. Im Set enthalten: »Ultralight«-Kunststoffabzug mit gegabelter Titanstange, Kunststoff-Schlagfedergehäuse, Magazinhalter und ein Standardmagazin für 16 Patronen .45 ACP
Verschlußstück	Caspian, Karbonstahl 4140, gefräst, 39 HRC
Lauf	Gezogener Schuemann-Konuslauf (sechs Züge rechtsdrehend, Drallänge 356 mm) mit Rampe
Schließfedersystem	Lange, einteilige MCM-Federführungsstange mit Querbohrung, EGW-Federführungsbüchse, Caspian-Schließfedern nach Wahl (14 bis 22 Pfund)
Verschlußfanghebel	STI
Unterbrecher	Caspian
Hammer	Caspian
Abzugstollen	EGW, Competition Sear
Abzugstollenfeder	Caspian, Dreischenkelfeder
Abzugsgewicht	1000 g
Schlagfederstange	Caspian
Schlagfederteller	EGW
Schlagfeder	Caspian
Schlagbolzen	Caspian
Schlagbolzenfeder	Caspian
Schlagbolzenplatte	EGW
Auszieher	Caspian, .45
Auswerfer	Caspian

Handballensicherung	Ed Brown, »Memory Groove«
Daumensicherung	Ed Brown, Tactical Safety
Visierung	Caspian, offene Kimme mit Targetkorn oder Ghost Ring mit fluoreszierendem Korn

Maße und Gewichte

Länge	219 mm
Breite am Griff / am Magazinhalter / an der Daumensicherung	32,7 / 34 / 39,7 mm
Höhe ohne Visierung	140 mm
Höhe mit Visierung (offene Kimme)	146 mm
Lauflänge	127 mm
Griffstück mit Schrauben, ohne Abzug, Magazinhalter und Schlagfedergehäuse	285 g
Griffstück komplett mit ACC-U-RAIL, ohne Schlagfedergehäuse	304 g
Verschlußstück mit offener Kimme	361 g
Lauf	140 g
Magazin (hoher Boden)	108 g
Pistole mit Magazin	1070 g
Preis inkl. MWSt.	**4250 Mark (1998)**

STI

Zurück in die Zukunft

Dlask Master Class und Silver Team

Dlask Master Class – ein bißchen Science-fiction.

Nicht jede Dlask schießt scharf. Als Ausstatter von Action-Filmen entwirft und baut Joseph Dlask in seiner 1985 gegründeten *Dlask Arms Corporation* (Custom Combat Handguns and Accessories) in Delta B. C., Kanada, Pseudowaffen ganz nach den Vorstellungen der Drehbuchautoren. Und etwas Futuristisches haftet auch den Race Guns des gebürtigen Tschechen an: ein aufregendes Design für Schützen mit Phantasie. Dagegen sind seine einreihigen 1911er schlichte Klassiker – zumindest äußerlich.

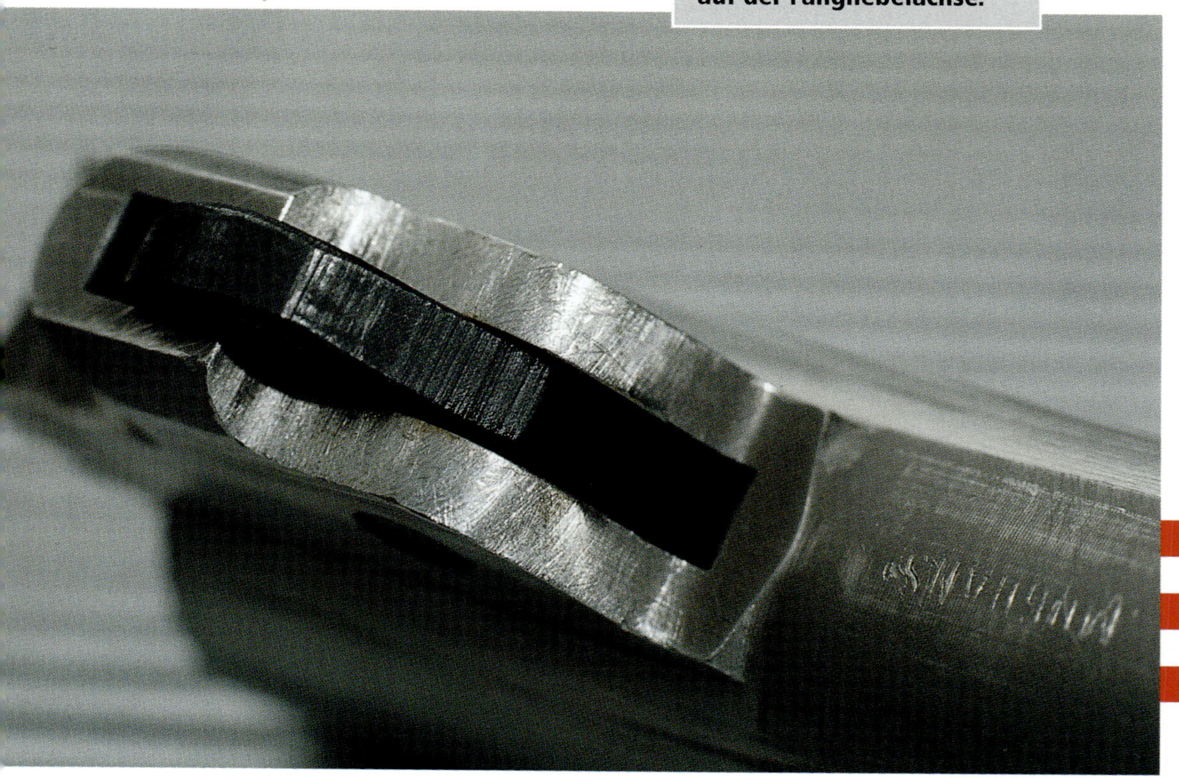

Das nur grob bearbeitete Laufhakenprofil läuft nicht auf der Fanghebelachse.

Großes Gefälle in der Bearbeitung.

Master Class, das sind vollausgestattete IPSC-Pistolen mit Großraum-Griffstücken von Caspian, Para-Ordnance oder Strayer Tripp International, die teuersten mit ACC-U-RAIL. Die abgebildete SK 4097 besitzt dieses akkurate System nicht und führt das konventionell gepaßte Caspian-Verschlußstück mit Toleranzen bis 0,3 Millimeter auf dem STI-Griffstück. Ähnlich verhält es sich mit dem Briley-Rampenlauf, der nicht über das Laufhakenprofil, sondern auf dem Kettenglied verriegelt und dabei noch Höhenspiel hat. Für Dlask-Importeur Felix Mogdans sind dies Nachlässigkeiten aus der Entwicklungsphase, die für die folgende Serie keine Bedeutung haben.

Markentypisch: Kompensator mit 15 Öffnungen und kannelierter Laufkonus.

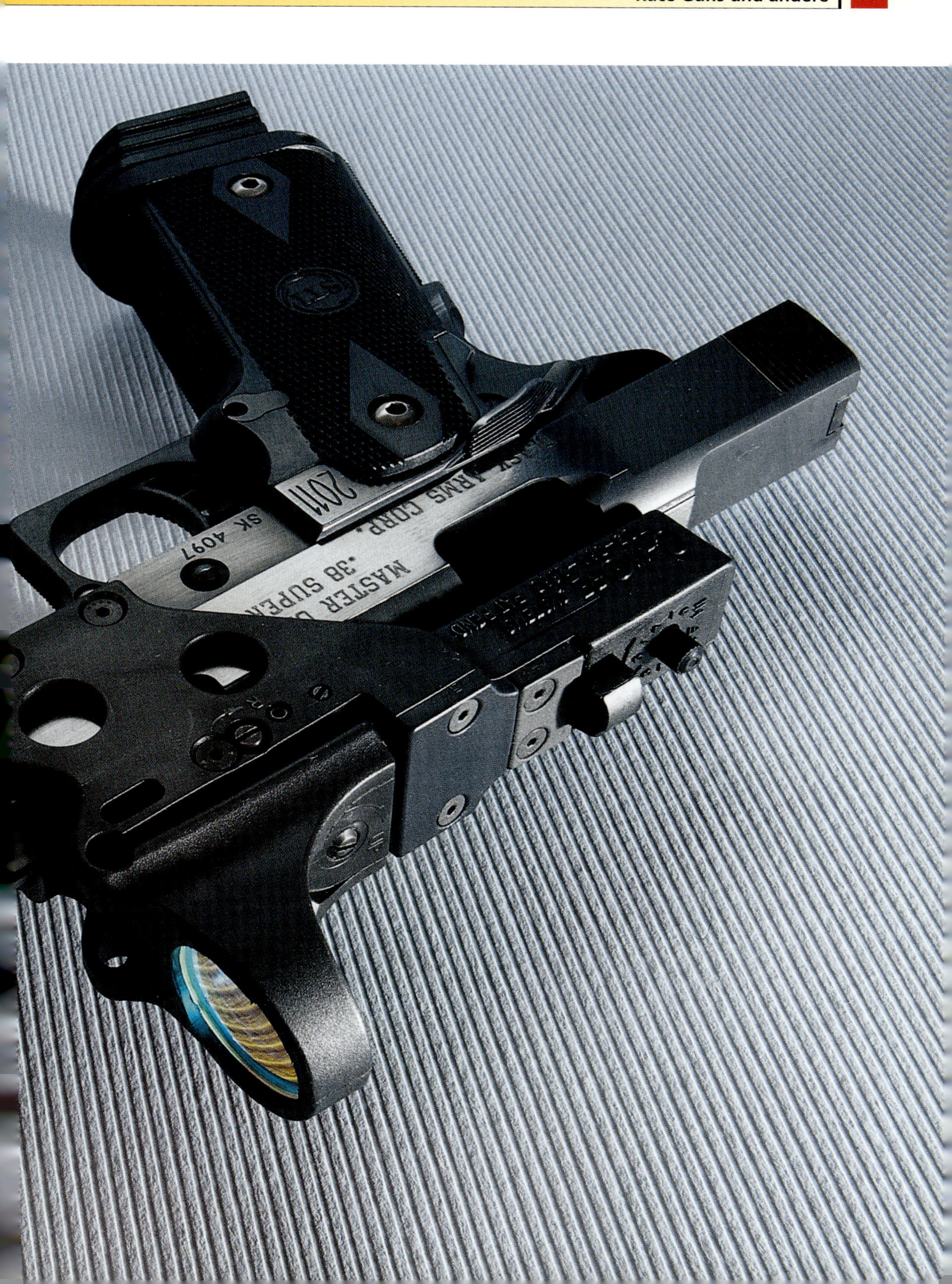
2011
ARMS CORP.
MASTER
.38 SUPER
SK 4097

Wenngleich die Passungen den Standard eingeführter Spitzenprodukte noch nicht erreichen, so halten die Fräsarbeiten sowie die gestrahlten, geschliffenen und brünierten Oberflächen jedem Vergleich stand – das Finish wäre im Volksmund »allererste Sahne«. Als typische Merkmale finden sich am Verschlußstück zwei Reihen zu je drei vertikalen Schlitzen und am Kompensator 15 Öffnungen. Neun dieser unterschiedlich großen Löcher sind der Mündungsbremse zugeordnet, fünf erleichtern das durchgezogene Vollprofil des Kompensatorkörpers und das 15. ist die Mündung selbst, die in einer angedeuteten und wohl nur optisch wirksamen weiteren Kompensatorkammer liegt. Durch das transparente Verschlußstück und den nach allen Seiten offenen Kompensator sind der schwarz kannelierte Laufkonus und die bis zur Mündung reichende Federführungsstange deutlich zu erkennen. Die am Dust Cover leicht überstehende Schließfederbüchse zentriert den Kompensator allerdings nur scheinbar. Form und Modularbauweise des STI-Griffstücks unterstreichen das moderne Dlask-Design ebenso wie das monolithische C-More-Kunststoff-Reflexvisier mit freistehender Projektionsfläche. Hinter dem STI-High-Tech-Trigger bilden jedoch unbearbeitete Chip-McCormick- und 1911-Standardteile ein weniger fortschrittliches Abzugsystem, das den Hammer kriechend und kratzend erst bei 1400 Gramm freigibt. Außerdem hängt der abgeschlagene

Alles auf einen Blick: Dlask Master Class in Teilen.

Dlask Silver Team – ein Muster an Präzision in Verarbeitung und Schießleistung.

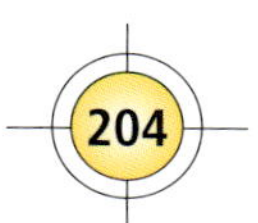

Hammer wegen der zu kurzen Schlagfederstange beinahe zwei Millimeter durch.
Die Silver Team ist nur fürs Auge ein Klassiker. Unter der glatten, stahlblauen Oberfläche der schlanken 45er hat ein erfahrener Büchsenmacher ganze Arbeit geleistet und dabei nicht an Material gespart. Als Basis dienen Caspian-Teile, die so knapp gepaßt sind, daß an der verriegelten Pistole kein Spiel spürbar ist. Zerlegt und gereinigt ergeben sich Toleranzen im Hundertstelbereich, wobei das Höhenspiel vorn den Maximalwert von 0,07 Millimetern erreicht. Auch der rampenlose Briley-Matchlauf liegt optimal im Schlitten. Am Stoßboden werden axial 0,04, seitlich je 0,2 und am Spherical Bushing wieder 0,04 Millimeter gemessen. Die Maßarbeit setzt sich nach unten fort, wo das nachgeschliffene Laufhakenprofil formschlüssig über die Fanghebelachse gleitet und die Verriegelungswarzen ohne Druck auf die Kette 1,2 Millimeter hoch in die Nuten des Verschlußstücks hebt. Der Lauf entriegelt nach 3,1 Millimetern.
Zur gleichwertigen Ausstattung des Griffstücks trägt Joseph Dlask nicht nur als Tuner, sondern auch als Hersteller bei. Das mitverwendete Eigengewächs ist der Ultra-Light Trigger aus dem Custom Shop, der in halblanger Ausführung für einreihige 1911er ganze sechs Gramm wiegt und wegen seiner geringen Masse auch von der Konkurrenz geschätzt wird. Das filigrane Gestänge aus Elektron und Titan akti-

Der rampenlose Briley-Matchlauf lagert in einem Spherical Bushing.

viert erodierte, gehärtete (53 bis 56 HRC) und an den Kontaktstellen auf »Spiegelglanz« *(mirror finished)* polierte Cylinder & Slide-Edelstahl-Schloßteile im Super-Match- und Tactical-Style.
Hammer und Sear arbeiten mit stufenloser Fangrast, die im richtigen Winkel geschliffen und breit genug ist, um bei durchfallendem Hammer die gegenüberliegende Rastfläche nicht zu beschädigen. Am Sear sorgt ein starker Kantenbruch für einen spontan brechenden Abzug, der mit wenig Vorzug auf 1100 Gramm justiert und über die Clark-Vierschenkelfeder leicht nachzustellen ist. Smith & Alexander liefert das »Palm-Swel«-Beavertail nach Art der »Memory-Groove«-Handballensicherung von Ed Brown, dessen beidseitige Tactical Safety das Sicherungssystem ergänzt.

Maßarbeit am Laufhaken.

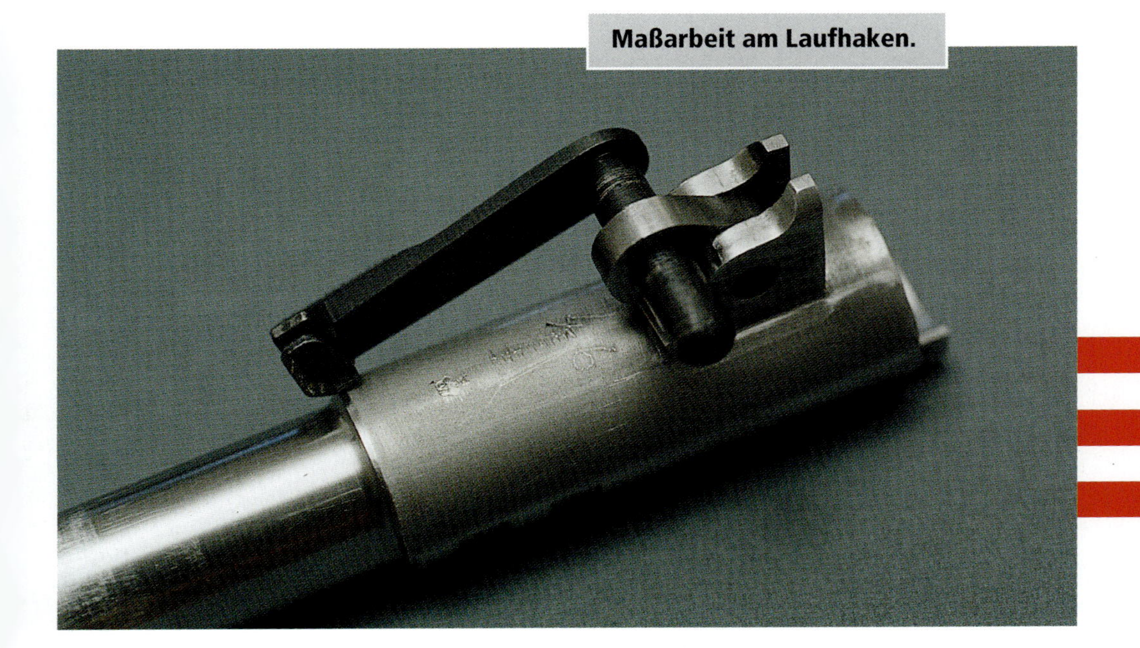

Verarbeitung und Abzug schlagen sich auch im Schußbild nieder. Vom Sandsack aus 25 Metern sind Streukreise um 45 Millimeter möglich, wobei sich 200-Grains-Semiwadcutter von Magic-Mike-Bullets vor 5,0 Grains Kemira N 320 mit 39 Millimetern am besten schießen. Zur uneingeschränkten sportlichen Verwendung fehlt es der Silver Team nur an Magazinkapazität.

Hammer, Sear und Strut von Cylinder & Slide.

Technische Daten Dlask Master Class

Modell	Master Class
Kaliber	.38 Super Automatic
Hersteller	Dlask Arms Corp., Delta B.C., Kanada
Büchsenmacher	Joseph Dlask u.a.
Griffstück	STI 2011 High Capacity
Magazinkapazität	19 Patronen
Verschlußstück	Caspian, Karbonstahl 4140, gefräst, 39 HRC
Lauf	Gezogener Briley-Rampenlauf (sechs Züge linksdrehend, Drallänge 406 mm) mit Schraubkonus und RGW-Dreikammer-kompensator
Schließfedersystem	Lange, zweiteilige Clark/Dlask-Feder-führungsstange, RGW-Schließfeder-büchse, Wilson-Schließfedern nach Wahl (neun bis elf Pfund), Dlask-Blue-Buffer
Verschlußfanghebel	Colt
Unterbrecher	1911 Standard
Hammer	CMC, Nastoff
Abzugstollen	CMC, Standard Sear Deluxe
Abzugstollenfeder	1911 Standard, Dreischenkelfeder
Abzugsgewicht	1400 Gramm
Schlagfeder	Ed Brown (19 Pfund)
Schlagbolzen	Ed Brown
Auszieher	Caspian, 9 mm/.38
Auswerfer	Caspian
Handballensicherung	Ed Brown, »Memory Groove«
Daumensicherung	Ed Brown, Tactical Safety
Visierung	C-More-Leuchtpunktvisier

Maße und Gewichte

Länge	259 mm
Breite am Griff / am Magazinhalter / an der Daumensicherung	33 / 35,7 / 36,5 mm
Höhe ohne C-More-Sight	140 mm
Höhe mit C-More-Sight	189 mm
Lauflänge	139,5 mm
Griffstück mit Schrauben, ohne Abzug, Magazinhalter und Schlagfedergehäuse	285 g
Verschlußstück skelettiert	310 g
Lauf mit Kompensator	285 g
C-More-Sight	115 g
Magazin (flacher Boden)	105 g
Pistole mit C-More-Sight und Magazin	1250 g
Preis inkl. MWSt.	**7500 Mark (1998)**

Technische Daten Dlask Silver Team

Modell	Silver Team
Kaliber	.45 ACP
Hersteller	Dlask Arms Corp., Delta B.C., Kanada
Büchsenmacher	Joseph Dlask u.a.
Griffstück	Caspian, Feinguß, Karbonstahl 4130, 28 HRC
Magazinkapazität	7 Patronen
Verschlußstück	Caspian, Karbonstahl 4140, gefräst, 39 HRC
Lauf	Gezogener, rampenloser Briley-Matchlauf (sechs Züge linksdrehend, Drallänge 406 mm) mit Spherical Bushing

Schließfedersystem	Lange, einteilige Nowlin-Federführungsstange mit Querbohrung, Nowlin-Schließfederbüchse, Nowlin-Schließfeder (16,5 Pfund), Dlask-Blue-Buffer
Verschlußfanghebel	Colt
Unterbrecher	Cylinder & Slide, Super Match
Hammer	Cylinder & Slide, Super Match
Abzugstollen	Cylinder & Slide, Tactical Sear
Abzugstollenfeder	Clark, Vierschenkelfeder
Abzugsgewicht	1100 g
Schlagfeder	Ed Brown (19 Pfund)
Schlagbolzen	Ed Brown
Auszieher	Caspian, .45
Auswerfer	Caspian
Handballensicherung	Smith & Alexander, »Palm Swel«
Daumensicherung	Ed Brown, Tactical Safety
Visierung	Bo-Mar-Kimme, Dlask-Targetkorn

Maße und Gewichte

Länge	220,5 mm
Breite an den Griffschalen / an der Daumensicherung	33,5 / 35,3 mm
Höhe ohne Visierung	141 mm
Höhe mit Visierung	147 mm
Lauflänge	126,5 mm
Magazin	65 g
Pistole mit Magazin	1122 g
Preis inkl. MWSt.	**3500 Mark (1998)**

Adlerhorst

STI Eagle 5.1 und 5.5

Familie Adler: Race Gun 5.5, Stock Gun 5.1 und »The Edge« in SCS-Version.

5.5
STI
EAGLE 5.1
STI
CUSTOM
STI

Matchtaugliche Pistolen aus der Schachtel – das ist die Domäne von *Strayer Tripp International*. Konrad Krappmann betreut mehrere Kunden, die sich mit serienmäßigen Eagles in verschiedenen Disziplinen und Klassen bis zur Deutschen Meisterschaft durchgeschossen und dort respektable Plazierungen erreicht haben. Und was die Zuverlässigkeit betrifft, »... so hat einer mal das Korn verloren und ein anderer mit der schußschwachen Hand die Sicherung in den rücklaufenden Schlitten gedrückt«. Eine 38er Eagle 5.5 wird seit zwei Jahren regelmäßig in 25-Meter-, Mehrdistanz- und IPSC-Wettkämpfen geschossen und hat über 20.000 Patronen ohne nennenswerte Störung abgefeuert.
Chip McCormick und die *Tripp Research Incorporated* in Austin/Texas entwickelten 1992 ihr »Modular Competition System« zunächst nur als Alternative zu den großvolumigen Griffstücken von Para-Ordnance und Caspian für den Custom-Bereich. Komplette Pistolen mit dem genialen Rahmenverbund aus Stahl und Kunststoff entstanden erst 1994 nach Auflösung der Interessengemeinschaft durch Chip McCormick und der Fusion der Brüder Virgil und Fred Tripp mit Sandy Strayer zu *Strayer Tripp International.* STI startete gleich eine ganze Pistolenreihe gewissermaßen unter den Fittichen des amerikanischen Wappentieres, des Weißkopfseeadlers, und präsentierte vorab die Eagles 5.1 und 5.5, eine Stock Gun mit offener Visierung in den Kalibern 9 x 21 bis .45 ACP sowie eine kompensierte Race Gun in den gleichen Kalibern mit der Option auf ein beliebiges Leuchtpunktvisier. Seit 1996 sind alle Kaliber ab 9 mm Para und Lauflängen von vier bis sechs Zoll erhältlich.
Schnell, treffsicher und innovativ – so interpretierte der frühere Importeur Top Gun in Kaarst das STI-Kürzel und brachte die Eagle 5.1 im Kaliber .45 ACP als »die natürliche Evolution der 1911-A1« für 4295 Mark auf den deutschen Markt. Im Sauer Custom Shop in Kürten kostet die Pistole inzwischen 3595 Mark und bietet die gleiche Technik: 2011-Griffstück ohne die spiegelbildliche Fanghebelausfräsung des Chip-McCormick-Originals, Caspian- oder STI-Verschlußstück mit tief eingelassener Bo-Mar-Kimme und STI-Targetkorn, rampenloser Schuemann-Konuslauf.
Verarbeitung und Ausstattung rechtfertigen den Preis. Die leichte und kompakte 45er ist so eng gepaßt, daß der Schlitten mit einem Seiten- und Höhenspiel von 0,03 beziehungsweise 0,08 Millimetern auf dem Griffstück gleitet. Ähnliche Toleranzen hält der Lauf, der vorn mit einem zwölf Millimeter langen zylindrischen Schliff direkt in der Laufbrille lagert. Hinten steuert das Laufhakenprofil im Radius der Fanghebelachse spielfrei eine Verriegelungshöhe von 1,2 Millimetern an, und unter dem Lauf arbeitet ein langes Schließfedersystem mit geteilter Stange, 17-Pfund-Feder und Wilson-

Shok-Buff. Alle gepaarten Teile sind elektrisch beschriftet, um spätere Verwechslungen auszuschließen.
Das Abzugsystem und die Installationen in Griff- und Verschlußstück bauen weitgehend auf dem STI-Shortblock-Completion-Kit auf. Für den Abzug bedeutet dies Teile aus einer neuen Form der Zusammenarbeit mit Chip McCormick: Verbundtrigger aus Kunststoff und Titan; Commander-Hammer, Match-Sear und Unterbrecher aus gefrästem oder erodiertem Werkzeugstahl; Schlagfederstange und -teller aus Titan; paßgenaue, geschliffene Achsen. Nur die Federn entstammen fremder Produktion. Die Rasten zeigen den serienmäßigen Schliff und halten mit der entsprechend justierten Dreischenkelfeder genau 1200 Gramm. Ein geringerer Abzugswiderstand wäre durch die mehrfach aufgezeigten Maßnahmen leicht erreichbar. Der Hammer trifft auf einen Titanschlagbolzen, dessen Halteplatte allerdings von begrenzter Lebensdauer ist, und die Sicherungen liefert Ed Brown. Ambi Safety und Beavertail fügen sich beispielhaft für die tadellose Verarbeitung nahtlos in das Gesamtkonzept.
Die ohne Visierung 5095 Mark teure 38er unterscheidet sich nur durch die höhere Feuerkraft – 19 Patronen statt 14 im Standardmagazin – und die IPSC-spezifische Ausstattung. Dies gilt für die nahezu identischen Passungen ebenso wie für das Abzug- und Sicherungssystem, wobei das Abzugsgewicht der Eagle 5.5 knapp über 1100 Gramm liegt. Auch die perlgestrahlten Oberflächen und der dekorative Maschinenschliff an den Flanken des Verschlußstücks wiederholen sich markentypisch. Gegenüber der 45er besitzt die 38er jedoch einen Barsto-Rampenlauf, der am Konus mit einem STI-Dowson-Vierkammerkompensator verschraubt ist. Drei Kammern wirken nach oben, die vierte stabilisiert den Lauf durch einen Ring von Ausfräsungen auch seitlich. Die abgebildete SK 3786 erhielt auf Kundenwunsch einen STI-Spur-Hammer und die beidseitige King's-Daumensicherung.

Laborierungen für STI-Eagles in den Kalibern .45 ACP und .38 Super Automatic

Pulver (gr)	Geschoß (gr)	Zünder	Patronenlänge (mm)
Winchester Fabrikmun.	230 VMRK	-	32
5,0 Kemira N 320	Magic M. 200 SWC	LP	31,5
5,1 Kemira N 320	RPG 200 SWC	LP	31,5
6,1 Hodgdon HP 38	Win. 115 VMRK	SP	32
8,5 Kemira 3N37	Hornady 124 VMKS	SP	31,5
10,3 Kemira N 105	Win. 124 VMRK	SP	32
7,4 Kemira 3N37	Win. 130 VMRK	SP	32
8,3 Kemira 3N37	Win. 130 VMRK	SP	32
9,3 Alliant Blue Dot	Win. 130 VMRK	SP	32
10,3 Alliant Blue Dot	Win. 130 VMRK	SP	32
7,0 Kemira 3N37	Win. 147 VMKS	SR	32

Gasdruck (bar) *	v_2 (m/s)	Faktor (BDS/IPSC)	Streukreis (mm) **
-	262	198	31
985	257	169	34
-	260	171	44
-	399	151	51
2243	419	170	30
2091	451	183	54
2063	377	161	36
2356	412	176	55
1863	406	173	63
2250	427	182	28
2209	358	173	29

* *Piezo-Quarzmessung des Beschußamts Ulm. Bei dieser Meßmethode betragen die höchstzulässigen Gebrauchsgasdrücke für die Kaliber .38 Super Automatic und .45 ACP zur Zeit 2250 bzw. 1300 bar*

** *Fünfergruppe, 25 m aufgelegt*

Technische Daten STI Eagle 5.1

Modell	Eagle 5.1
Kaliber	.45 ACP
Hersteller	Strayer Tripp International (STI), Georgetown/Texas, USA
Griffstück	STI 2011 High Capacity
Magazinkapazität	14 Patronen
Verschlußstück	Caspian, Karbonstahl 4140, gefräst, 39 HRC (seit 1996 STI)
Lauf	Gezogener Schuemann-Konuslauf (sechs Züge rechtsdrehend, Drallänge 356 mm) ohne Rampe
Schließfedersystem	Lange, zweiteilige STI-Federführungsstange, STI-Schließfederbüchse, Wilson-Schließfeder (17 Pfund), Wilson-Shok-Buff
Verschlußfanghebel	STI
Unterbrecher	Ed Brown
Hammer	STI, Commander
Abzugstollen	STI, Match Sear
Abzugstollenfeder	1911 Standard, Dreischenkelfeder
Abzugsgewicht	1200 g
Schlagfederstange	CMC (Titan)
Schlagfeder	Wilson (19 Pfund)
Schlagbolzen	CMC (Titan)
Auszieher	Ed Brown, .45
Auswerfer	Ed Brown
Handballensicherung	Ed Brown, »Memory Groove«
Daumensicherung	Ed Brown, Tactical Safety
Visierung	Bo-Mar-Kimme, STI-Targetkorn

Maße und Gewichte

Länge	218 mm
Breite am Griff / am Magazinhalter / an der Daumensicherung	33 / 33,8 / 35,3 mm
Höhe ohne Visierung	140 mm
Höhe mit Visierung	146 mm
Lauflänge	127 mm
Griffstück mit Schrauben, ohne Abzug, Magazinhalter und Schlagfedergehäuse	285 g
Verschlußstück mit Bo-Mar-Kimme und Korn	371 g
Lauf	124 g
Magazin (flacher Boden)	105 g
Pistole mit Magazin	1060 g
Preis inkl. MWSt.	**3595 Mark (1998)**

Technische Daten STI Eagle 5.5

Modell	Eagle 5.5
Kaliber	.38 Super Automatic
Hersteller	Strayer Tripp International (STI), Georgetown/Texas, USA
Griffstück	STI 2011 High Capacity
Magazinkapazität	19 Patronen
Verschlußstück	Caspian, Karbonstahl 4140, gefräst, 39 HRC
Lauf	Gezogener Barsto-Rampenlauf (sechs Züge linksdrehend, Drallänge 406 mm) mit Schraubkonus und STI-Dowson-Vierkammerkompensator

Schließfedersystem	Lange, zweiteilige STI-Federführungsstange, STI-Schließfederbüchse, Wilson-Schließfeder (zwölf Pfund), Wilson-Shok-Buff
Verschlußfanghebel	STI
Unterbrecher	Ed Brown
Hammer	STI, Commander
Abzugstollen	STI, Match Sear
Abzugstollenfeder	1911 Standard, Dreischenkelfeder
Abzugsgewicht	1100 Gramm
Schlagfederstange	CMC (Titan)
Schlagfeder	Wilson (19 Pfund)
Schlagbolzen	CMC (Titan)
Auszieher	Ed Brown, 9 mm/.38
Auswerfer	Ed Brown
Handballensicherung	Ed Brown, »Memory Groove«
Daumensicherung	Ed Brown, Tactical Safety
Visierung	Leuchtpunktvisier nach Wahl

Maße und Gewichte

Länge	277,5 mm
Breite am Griff / am Magazinhalter / an der Daumensicherung	33 / 33,6 / 37,7 mm
Höhe ohne Visierung	138 mm
Lauflänge	136,5 mm
Griffstück mit Schrauben, ohne Abzug, Magazinhalter und Schlagfedergehäuse	285 g
Verschlußstück	338 g
Lauf mit Kompensator	281 g
Magazin (hoher Boden)	125 g
Pistole mit Magazin, ohne Visierung	1218 g
Preis inkl. MWSt.	**5095 Mark (ohne Visierung, 1998)**

BO-MAR
2011
STI

Ableger

STI-Pistolen von Sauer Custom

Ein wenig klobig, aber schön: »The Edge« mit Long Dust Cover.

1996 erweiterte STI das Pistolenprogramm um »The Edge«, eine modifizierte Eagle 5.1 mit bis zur Mündung vorgezogenem 2011-Griffstück und »Slap«-Schlitten ohne Auskehlungen. Griff- und Verschlußstück dieser Long-Dust-Cover-Version bestehen nach wie vor aus Karbonstahl 4140, werden jetzt aber beide bei STI aus dem vollen gefräst. Sinn der langen Schließfederabdeckung ist ihr Einfluß auf die Gewichtsverteilung durch die mit Laufge-

»The Edge « im Vergleich zur Eagle 5.1.

LDC-Rahmen und »Slap«-Schlitten.

wichten herkömmlicher Sportpistolen vergleichbare Zunahme von 52 Gramm. Sie kann bei Verwendung von Wolfram für die Federführungsstange noch gesteigert werden. Dagegen bestimmt der Platzbedarf des 1911er Schließfedersystems weiterhin die bescheidene Länge der Führungsschienen von 89,5 Millimetern abzüglich der Unterbrechung durch den Magazinschacht.

Laufhaken am Bull Barrel.

Sauer Custom überarbeitet Pistolen dieser Bauart und vertreibt sie unter dem eigenen Namen. EM 1203 ist ein Beispiel in 9 mm Para, dessen Schlitten mit Toleranzen von 0,02 beziehungsweise 0,08 Millimetern für Seite und Höhe gepaßt ist und den axial nahezu spielfreien Konuslauf mit Abständen von 0,1 Millimetern seitlich im Stoßboden und in der geschliffenen Laufbrille führt. Der Kart-Bull-Barrel verfügt über eine Rampe, verriegelt 1,1 Millimeter hoch und trägt durch seine Masse zusätzlich zur angestrebten Vorlastigkeit bei. Mehr noch als die eher subjektiv empfundene Gewichtsverlagerung im Schußverhalten macht sich aber die Verarbeitungsqualität in der Schießleistung bemerkbar: 24 Millimeter Streuung aus 25 Metern unter Verwendung von Remington-124-Grains-Vollmantelgeschossen vor 4,7 Grains Kemira N 330. Abzug und Sicherungen entsprechen dem STI-Standard.

Sichtbarer Rasteingriff am Sear.

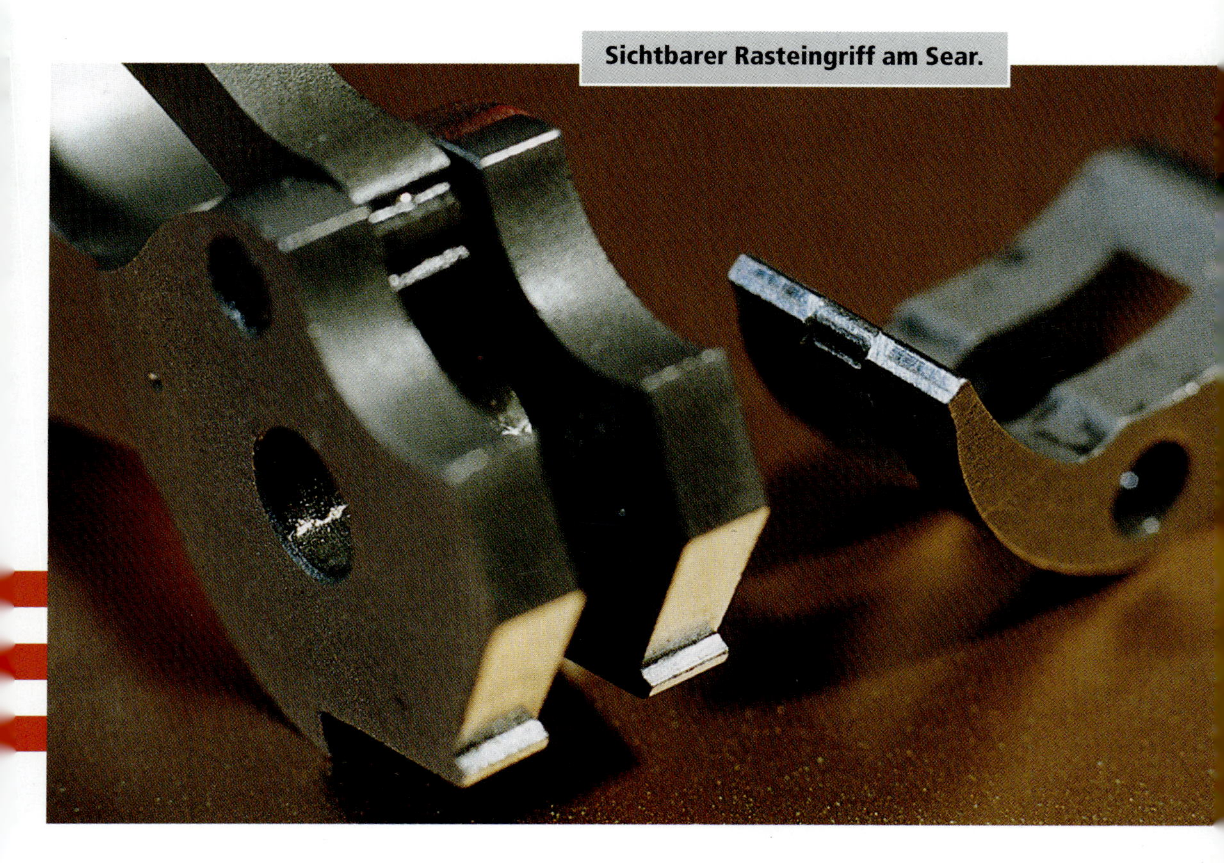

CAUTION
LASER RADIATION-
DO NOT STARE
INTO BEAM
CLASS II LASER PRODUCT
AVOID EXPOSURE
BUSHNELL HOLO
sight

Vollausgestattete Sauer-STI mit Bushnell-HoloSight und viel Zubehör aus dem Sauer Custom Shop.

Sauers »Offene« basiert auf der Eagle 5.5. Als Full House Race Gun ist sie etwas weiter gepaßt und mit reichlich Zubehör aus dem *Sauer Custom Shop (SCS)* ausgestattet. Das sind Teile aus eigener oder deutscher Fertigung, wie der ultraleichte Matchtrigger mit gerader Vorderkante, der zum Daumen geneigte lange Smoking-Hole-Axis-Magazinauslöser, der Slide Racker »Deluxe« und die an beiden Enden geschliffene Schließfeder; oder aus amerikanischer Herstellung, wie der Briley-Rampenlauf mit Schraubkonus und der Krebs-Kunststoff-Magazintrichter. Besondere Beachtung verdient das Abzugstuning, das nicht nur hinsichtlich des Widerstands, sondern auch der Charakteristik höchsten Ansprüchen genügt. Sauer Custom kürzt die Spannrast am STI-Squared-Hammer auf 0,35 Millimeter, versieht den STI-Match-Sear mit einem 45-Grad-Kantenbruch und erreicht bei einem Rasteingriff von nur 0,25 Millimetern unter Druck einer Clark-Vierschenkelfeder sicher gehaltene 750 Gramm. Es versteht sich von selbst, daß ein so »spitzer« Abzug regelmäßiger Kontrolle bedarf.

Die 38er zeichnet sich nicht nur äußerlich durch erstklassige Verarbeitung aus.

BUSHNELL HOLO
STI

Perfekt eingepaßter SCS-Slide-Racker.

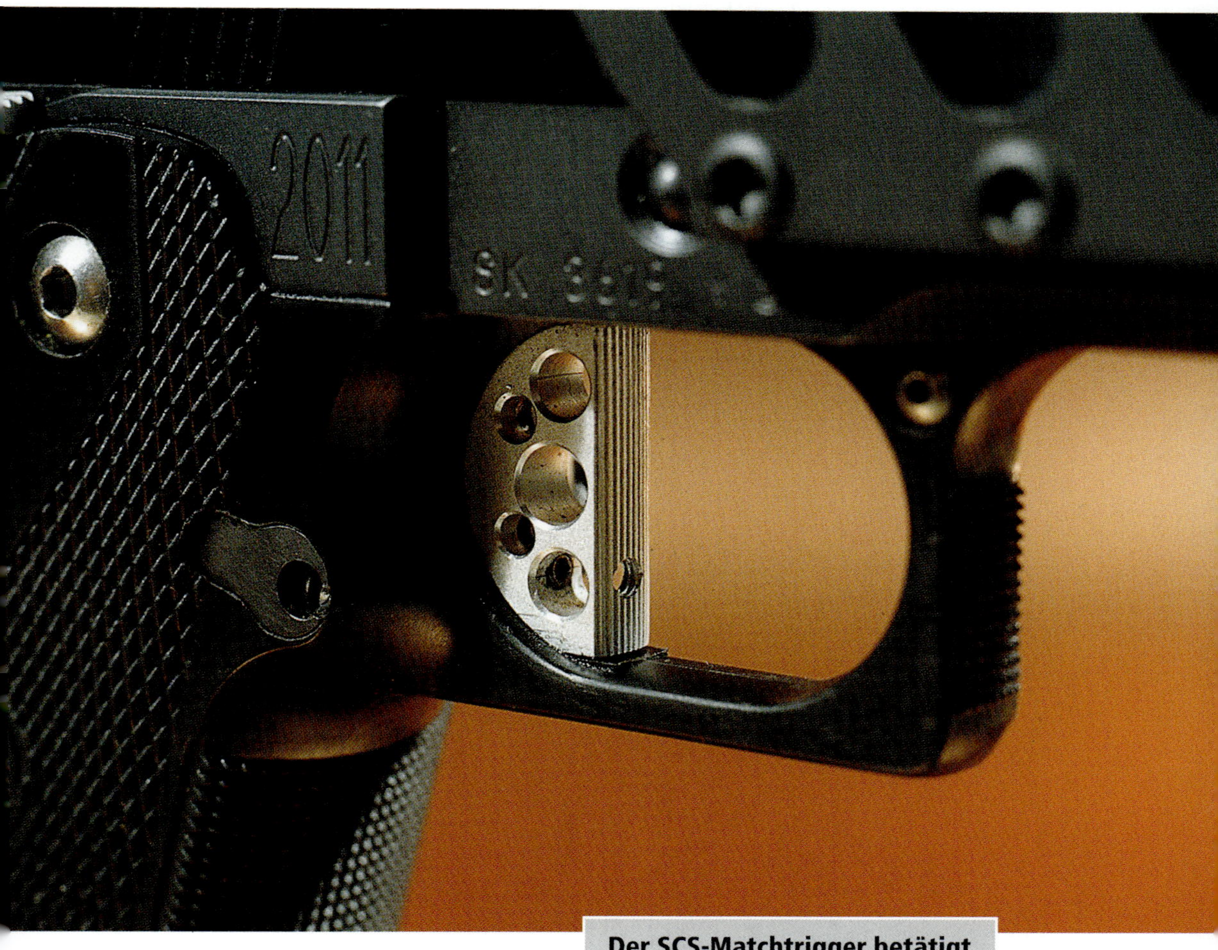

Der SCS-Matchtrigger betätigt ein getuntes Abzugsystem mit 0,25 Millimeter Rasteingriff.

Technische Daten Sauer-STI 9 mm Para

Modell / Kaliber	SCS 9 mm Para
Hersteller	Strayer Tripp International (STI), Georgetown/Texas, USA; Sauer Custom Shop, Kürten
Büchsenmacher	Roland Blume
Griffstück	STI 2011 High Capacity-Long Dust Cover (LDC)
Magazinkapazität	19 Patronen
Verschlußstück	STI, Karbonstahl 4140, gefräst, 40 HRC
Lauf	Gezogener Kart-Konuslauf (sechs Züge rechtsdrehend, Drallänge 406 mm) mit Rampe
Schließfedersystem	Lange, zweiteilige STI-Federführungsstange, STI-Schließfederbüchse, SCS-Schließfeder (zwölf Pfund)
Verschlußfanghebel	STI
Unterbrecher	STI
Hammer	STI, Commander
Abzugstollen	STI, Match Sear
Abzugstollenfeder	Clark, Vierschenkelfeder
Abzugsgewicht	1370 g
Schlagfederstange	CMC (Titan)
Schlagfeder	STI (19 Pfund)
Schlagbolzen	CMC (Titan)
Auszieher	Ed Brown, 9 mm/.38
Auswerfer	Ed Brown
Handballensicherung	Ed Brown, »Memory Groove«
Daumensicherung	Ed Brown, Tactical Safety
Visierung	Bo-Mar-Kimme, STI-Targetkorn

Maße und Gewichte

Länge	220 mm
Breite am Griff / am Magazinhalter / an der Daumensicherung	33 / 41,5 / 36,5 mm
Höhe ohne Visierung	140 mm
Höhe mit Visierung	145,5 mm
Lauflänge	127 mm
Griffstück mit Schrauben, ohne Abzug, Magazinhalter und Schlagfedergehäuse	337 g
Verschlußstück mit Bo-Mar-Kimme und Korn	352 g
Lauf	141 g
Magazin (flacher Boden)	105 g
Pistole mit Magazin	1175 g
Preis inkl. MWSt.	**3695 Mark (1998)**

Technische Daten Sauer-STI .38 Super Automatic

Modell / Kaliber	SCS .38 Super Automatic
Hersteller	Strayer Tripp International (STI), Georgetown/Texas, USA; Sauer Custom Shop, Kürten
Büchsenmacher	Roland Blume
Griffstück	STI 2011 High Capacity
Magazinkapazität	19 Patronen
Verschlußstück	STI, Karbonstahl 4140, gefräst, 40 HRC
Lauf	Gezogener Briley-Rampenlauf (sechs Züge linksdrehend, Dralllänge 406 mm) mit Schraubkonus und STI-Dowson-Vierkammerkompensator
Schließfedersystem	Lange, zweiteilige STI-Federführungs-stange, STI-Schließfederbüchse, SCS-Schließfeder (14 Pfund)
Verschlußfanghebel	STI
Unterbrecher	STI
Hammer	STI, Squared
Abzugstollen	STI, Match Sear
Abzugstollenfeder	Clark, Vierschenkelfeder
Abzugsgewicht	750 g
Schlagfederstange	CMC (Titan)
Schlagfeder	STI (19 Pfund)
Schlagbolzen	CMC (Titan)
Auszieher	Ed Brown, 9 mm/.38
Auswerfer	Ed Brown
Handballensicherung	Ed Brown, »Memory Groove«
Daumensicherung	Ed Brown, Tactical Safety
Visierung	Bushnell-HoloSight

Maße und Gewichte

Länge	267 mm
Breite am Griff / am Magazinhalter / an der Daumensicherung	33 / 45 / 37,2 mm
Höhe ohne Visierung	138 mm
Höhe mit Visierung	191 mm
Lauflänge	125 mm
Griffstück mit Schrauben, ohne Abzug, Magazinhalter und Schlagfedergehäuse	285 g
Verschlußstück	335 g
Lauf mit Kompensator	262 g
Bushnell-HoloSight mit Montage	276 g
Magazin (flacher Boden)	105 g
Pistole mit Bushnell-HoloSight und Magazin	1395 g
Preis inkl. MWSt.	**5900 Mark (1998)**

593
KD
WG1012

Multimatch: Die 45er kann in vielen Disziplinen eingesetzt werden.

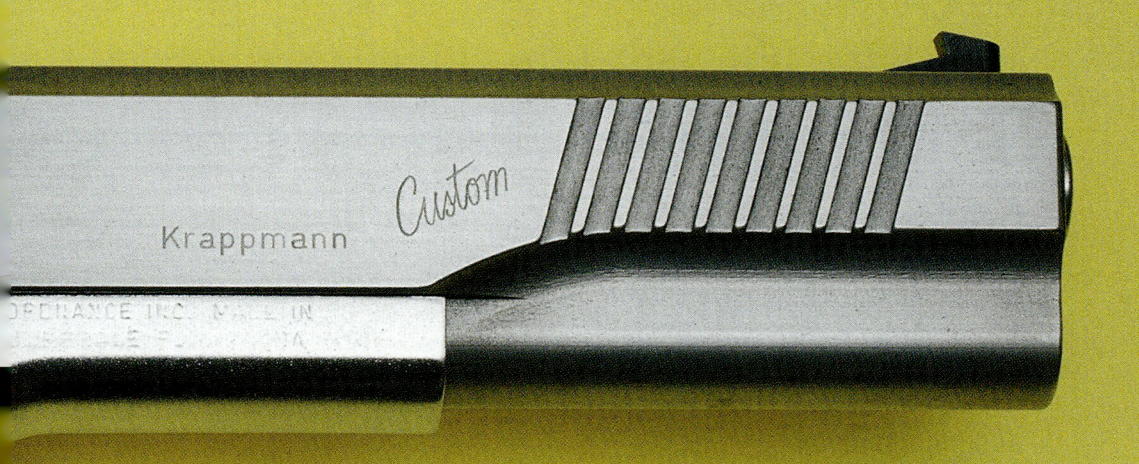

Mädchen für alles

Krappmann Multimatch

Präzision aus 50 Metern ist nicht jedermanns Sache. Und auch nicht die jeder Pistole. Konrad Krappmann überlegt lange, welche Konfiguration da wohl die beste wäre, und entscheidet sich schließlich für ein sechszölliges Peters-Stahl-Oberteil im Kaliber .45 ACP auf einem Para-Ordnance-Griffstück. Für Peters Stahl sprechen die besonderen Eigenschaften der kettenlosen Verriegelung und der präzise Polygonlauf, für Para-Ordnance die gute Lage des High-Capacity-Griffstücks in einer großen Hand. Die Typenbezeichnung besagt, daß die Multimatch nicht nur im BDMP-Hauptwettkampf 1500 (Practical Police Course) nach Auto-Match-Spezifikation geschossen werden kann, sondern auch im Open Match des 60-Schuß-Programms (National Police Course), im BDS-25-Meter- und Mehrdistanzschießen sowie in der DSB-Disziplin Zentralfeuerpistole .45.
Para-Ordnance liefert die weißfertigen Griffstücke in Gun Smith Quality. Büchsenmacherqualität bedeutet bis zu 0,2 Millimeter Übermaß an den Schlittenführungen, also Material genug, um auch leichte Verzüge im Guß beim Rail Job ausgleichen zu können. Die Passung gelingt mit einem Seiten- und Höhenspiel von 0,03 beziehungsweise 0,06 Millimetern und nimmt anschließend noch vier my bei der Hartverchromung auf. Unter dem Abzugsbügel »beißt« ein aufwendiges Checkering passend zum Para-Mag-Well-Schlagfedergehäuse von Smith & Alexander, und anstelle eines typischen 1911er

50 Meter sind mit dieser Pistole nur ein Schützenproblem.

Abzugs ergänzt der feinfühlige Gun-Craft-Pivoting-Trigger das Abzugsystem. Konrad Krappmann sieht in der variablen Kraftverteilung des angelenkten Triggers allerdings nur dann Vorteile, wenn das vorgeschriebene Abzugsgewicht über 1000 Gramm liegt. Unabhängig davon zeigt die Rastfläche des Abzugstollens die schon von der Krappmann-STI bekannte schwache Wölbung, greift 0,5 Millimeter tief in die rechtwinklig geschliffene Spannrast und gibt den Hammer ohne besonderen Nachdruck frei. Für Abzugsgewichte von 1000 (BDS/DSB), 1360 (BDMP) oder 1589 Gramm (PPC international) stehen drei entsprechend vorgespannte Vierschenkelfedern zur Verfügung.

Indirekter Abzug: Ein Druckstift überträgt die Kraft am angelenkten Trigger auf die Abzugstange.

»Auszieherkralle« und »Multikralle« des Peters-Stahl-Multicaliber-systems.

Das weitgehend unveränderte Peters-Stahl-Oberteil enthält nur systemgebundene Komponenten aus der Multicaliber-Serie. Dazu zählen zwei sich gegenüberliegende Auszieher, die bei Verwendung von Wechselläufen die unterschiedlichen Hülsendurchmesser ausgleichen, rechts die »Auszieherkralle« und links die zentrierende »Multikralle«. Beide schwingen in seitlichen Ausnehmungen des gefrästen und an den höher beanspruchten Stellen zusätzlich induktiv gehärteten Verschlußstücks. Weitere Paderborner Originale sind der Lauf, der wegen der Verriegelung im Auswurffenster seinen

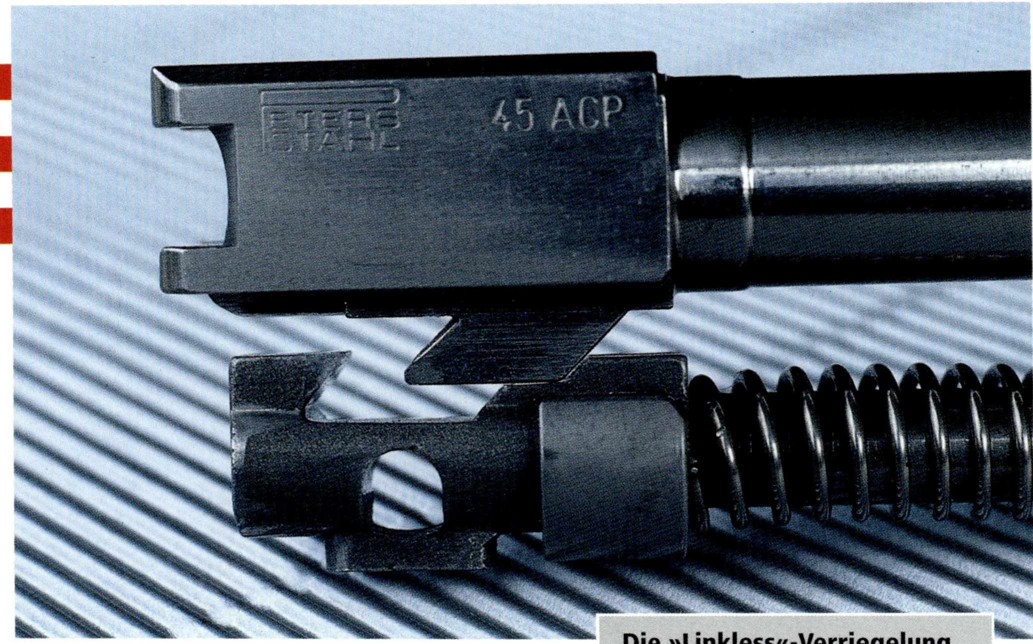

Die »Linkless«-Verriegelung mit aufgebocktem und abgesenktem Lauf.

Stammplatz ohnehin sicher hat, und die Schließfederstange mit angesetztem Riegelkopf. Der gehämmerte Lauf hat ein polygonales Profil mit sechs rechtsdrehenden Segmenten, einen größten und kleinsten Durchmesser von 11,4 beziehungsweise 11,07 Millimetern und eine Drallänge von 450 Millimetern.

Gegenüber dem Browning-System steuert die kettenlose *(linkless)* Verriegelung alle Laufbewegungen mit dem Riegelkopf. Dazu trägt das vom Fanghebel im Griffstück gehaltene Feingußteil eine Kurve, die den Lauf 1,2 Millimeter hoch in die Arretierung hebt und erst nach 4,8 Millimetern wieder entriegelt. Die lange Parallelführung berücksichtigt die Lauflänge von 152 Millimetern und wird durch abrupte Übergänge an Laufhaken und Riegelkopf erreicht. Maßgebend sind Schrägflächen von 45 Grad, die auch den Schlittenvorlauf kontrollieren. Ausreichendes Spiel sorgt für materialschonende Bewegungsfreiheit beim Abkippen. Der Lauf selbst ist im Auswurffenster vorbildlich gepaßt und stützt sich im verriegelten Zustand exzentrisch in der Laufbrille ab.

Laufverriegelung im Auswurffenster.

Während die 25-Meter-Disziplinen problemlos und ausreichend trainierte Mehrdistanzübungen noch gut mit einer Visiereinstellung geschossen werden können, stellen die 50 Meter im 1500-Hauptwettkampf und Kurzprogramm auch an die Visierung extreme Anforderungen – »unterwegs« verstellbare Visiere sind üblich. Konrad Krappmann stattet BDMP-Pistolen vorzugsweise mit der dreifach programmierbaren Aristocrat-Kimme aus und fräst das voluminöse Teil möglichst tief in den Schlitten ein. Auch die Multimatch ist damit ausgerüstet, wenngleich die Montage über den Haltestiften der Auszieher die Wartung der Krallen erschwert. Der Kimme fehlt noch eine Rändelschraube zur Handverstellung. Das Präzisionsschießen beschränkt sich natürlich nicht auf 25 Meter. Aus dieser Entfernung sind Fünfergruppen Loch an Loch vom Sandsack aus keine Überraschung. Spannend wird es erst, als Testschütze Martin Becker zur 50-Meter-Bahn wechselt und dort aufgelegt und später auch aus der Ransom Rest schießt. »Von Hand« streut die Multimatch 45 und aus der Maschine 34 Millimeter.

Laborierungen für Krappmann Multimatch im Kaliber .45 ACP

Pulver (gr)	Geschoß (gr)	Zünder	Patronenlänge (mm)
Winchester-Fabrikmun.	Win. 230 VMRK	-	32
5,0 Kemira N 320	Magic M. 200 SWC	LP	31,5

Gasdruck (bar) *	v_2 (m/s)	Faktor (BDS/IPSC)	Streukreise (mm) **
-	262	198	19 / 45 / 34
985	257	169	24 / 53 / 41

* *Piezo-Quarzmessung des Beschußamts Ulm. Bei dieser Meßmethode beträgt der höchstzulässige Gebrauchsgasdruck für das Kaliber .45 ACP zur Zeit 1300 bar*

** *Fünfergruppen, 25 m aufgelegt / 50 m aufgelegt / 50 m aus der Ransom Rest*

Technische Daten Krappmann Multimatch

Modell	Multimatch
Kaliber	.45 ACP
Hersteller	Para-Ordnace Manufacturing Inc., Scarborough/Ontario, Kanada; Peters Stahl GmbH, Paderborn; Krappmann Custom, Bretzfeld
Büchsenmacher	Konrad Krappmann
Griffstück	Para-Ordnance High Capacity zweite Generation, Feinguß, 25 HRC. Im Set enthalten: Kunststoffabzug mit Stahlgestänge, kurze Kunststoff-Federführung (durch langes System ersetzt), Kunststoff-Magazinhalter und ein Standardmagazin für 15 Patronen .45 ACP
Verschlußstück	Peters Stahl, Multicaliber, gefräst, partiell induktiv gehärtet
Lauf	Peters Stahl, Polygon (sechs Segmente rechtsdrehend, Drallänge 450 mm) ohne Rampe
Schließfedersystem	Lange, einteilige Peters-Stahl-Federführungsstange mit Riegelkopf, Peters-Stahl-Schließfederbüchse, Wilson-Schließfeder (19 Pfund)
Verschlußfanghebel	Wilson
Unterbrecher	Ed Brown
Hammer	Ed Brown
Abzugstollen	Ed Brown
Abzugstollenfeder	Clark, Vierschenkelfeder
Abzugsgewicht	wahlweise 1000 / 1360 / 1589 g
Schlagfederstange	Colt
Schlagfederteller	CMC (Titan)
Schlagfeder	Wilson (19 Pfund)
Schlagbolzen	CMC (Titan)
Schlagbolzenfeder	Wilson
Auszieher	Peters Stahl, Auszieher und »Multikralle«

Auswerfer	King's
Handballensicherung	Ed Brown
Daumensicherung	King's
Visierung	Aristocrat-Kimme, Schattenkorn

Maße und Gewichte

Länge	246 mm
Breite an den Griffschalen / am Magazinhalter / an der Daumensicherung	35,2 / 35,6 / 37,8 mm
Höhe ohne Visierung	135 mm
Höhe mit Visierung	141 mm
Lauflänge	152 mm
Griffstück ohne Abzug, Magazinhalter und Schlagfedergehäuse	402 g
Verschlußstück mit Aristocrat-Kimme, Korn, Ausziehern und Schlagbolzen	472 g
Lauf	113 g
Magazin	100 g
Pistole mit Magazin	1335 g
Preis inkl. MWSt.	**7900 Mark (1998)**

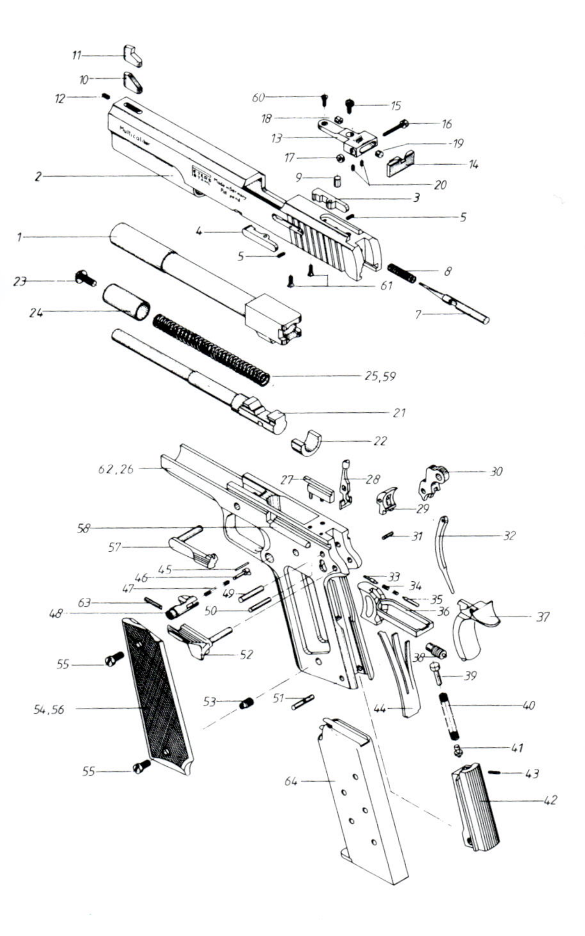

Peters Stahl Multicaliber

1	**Lauf**
2	**Verschlußstück**
3	**Auszieherkralle**
4	**Multikralle**
5/1	**Feder (Auszieherkralle)**
5/2	**Feder (Multikralle)**
7	**Schlagbolzen**
8	**Schlagbolzenfeder**
9	**Schlagbolzenhaltestift**
10	**Rampenkorn**
11	**Hakenkorn**
12	**Schraube**
13	**Kimmenträger**
14	**Kimmenblatt**
15	**Höhenstellschraube**
16	**Seitenstellschraube**
17	**Mutter**
18	**Druckstück**
19	**Druckstück**
20	**Federn**
21	**Federführungsstange mit Riegelkopf**
22	**Anschlag**
23	**Schraube**
24	**Schließfederbüchse**
25/59	**Schließfedern nach Wahl**
26/62	**Griffstück (brüniert/Edelstahl)**
27	**Auswerfer**
28	**Unterbrecher**
29	**Abzugstollen**
30	**Hammer**
31	**Stift**
32	**Schlagfederstange**
33	**Druckstift (Schlittenfanghebel)**
34	**Feder**
35	**Druckstift (Daumensicherung)**
36	**Abzug (Trigger mit bügelförmiger Abzugstange)**
37	**Handballensicherung**
38	**Triggerstop**
39	**Schlagfederteller**
40	**Schlagfeder**
41	**Schlagfederauflage**
42	**Schlagfedergehäuse**
43	**Stift**
44	**Abzugstollenfeder (Dreischenkelfeder)**
45	**Stift**
46	**Stift (Magazinhalter)**
47	**Feder (Magazinhalter)**
48	**Magazinhalter**
49	**Achse (Hammer)**
50	**Achse (Abzugstollen)**
51	**Stift (Schlagfedergehäuse)**
52	**Daumensicherung**
53	**Gewindeeinsatz**
54/56	**linke und rechte Griffschale**
55	**Schrauben (Griffschale)**
57	**Schlittenfanghebel**
58	**Führung (Feder und Druckstifte für Schlittenfanghebel und Daumensicherung)**
60	**Schraube**
61	**Schrauben**
63	**Verlängerung**
64	**Magazin**

C-MORE SYSTEMS
703-361-2663 PAT PEND

Familienbande

Nowlin Excaliber

Excaliber – nur beinahe die Waffe des legendären Keltenkönigs ...

Excaliber ist eine typische Race Gun »aus der Schachtel«: wettkampftauglich, wenn dem Schützen durchschnittliche Resultate genügen. Büchsenmacher John Nowlin Junior, Sohn des Firmengründers und Mitinhaber der *Nowlin Custom Manufacturing* in Claremore/Oklahoma, verarbeitet ausgesuchte Matchteile eigener und fremder Produktion, ohne dem versierten Tuner alle Reserven zu nehmen, und schafft dadurch eine außerordentlich preisgünstige Basis: 5600 Mark mit C-More-Leuchtpunktvisier. Die abgebildete 38er entspricht weitgehend den ersten ausgelieferten Exemplaren. Am Kompensator fehlt lediglich Excalibur, das sagenumwobene Schwert des Keltenkönigs Artus, dessen geschützten Namen sie leider nicht tragen darf. Die auch in anderen Kalibern erhältliche Pistole besitzt einen Caspian-Fein-

Nowlin-Laufhaken. Bolzensicherung durch Körnerschlag.

Nowlin-Fünfkammerkompensator mit vorgezogener Mündung. Die Experten sprechen von einer besseren Abdichtung der Restgase vor dem Geschoßaustritt aus der letzten Kammer.

gußrahmen zweiter Generation und einen gefrästen Barstock-Schlitten des gleichen Herstellers. »Naturbelassen« zeigt das Griffstück jedoch weder die übliche Bearbeitung wie die Glättung diverser Übergänge oder eine nachträgliche Erweiterung des angegossenen Magazintrichters, noch ein Checkering oder Grip Tape zur Unterstützung der wenig griffigen Holzgriffschalen und der glatten Rückseite des Leichtmetall-Schlagfedergehäuses. Dagegen ist das Verschlußstück so aufgepaßt, daß seitlich nur 0,04 und in der Höhe maximal 0,08 Millimeter gemessen werden.
Nowlin-Matchläufe sind aus gehärtetem Edelstahl 416 (40 HRC) im Electro-Cathode-Machining-Verfahren (ECM) hergestellt und zeichnen sich durch »amazing groove and bore tolerances« (atemberaubende Feld/Zugtoleranzen)

von .0002" (fünf my) aus. Angeschrägte Felder sollen den Gasschlupf mindern, spiegelglatte Oberflächen die Munitionsverträglichkeit fördern und ein maßhaltiger Laufwarzenschliff die Verriegelung entlasten. Im Kaliber .38 Super Automatic betragen Feld/Zugdurchmesser und Drallänge 8,80/9,02 beziehungsweise 406 Millimeter. Nowlin bietet diese Läufe mit Führungsbüchse oder Schraubkonus an. In der Excaliber sitzt eine Schraubvariante mit extralangem Feingewinde (.575"-40) für Konus und Mündungs-

Nowlin vertritt den starken Kantenbruch. Dennoch »hält« der Abzug 1200 Gramm.

bremse. Allerdings zeigt das 128 Millimeter lange Präzisionsteil reichlich Spiel im Caspian-Schlitten: ein halbes Zehntel axial, ein Zehntel im Mündungsbereich und je ein Zehntel an den Backen des Stoßbodens. Ähnliche Abstände finden sich auch seitlich am Laufhaken, während das Laufhakenprofil für eine stramme Verriegelung im 1,3-Millimeter-Gardemaß sowie 3,7 Millimeter Schlittenrücklauf bis zur Entriegelung sorgt. Der neue Fünfkammerkompensator verbindet die drei unterschiedlich großen Triple-X-Kammern des älteren Systems mit zwei weiteren Kammern, die durch einen Mittelsteg bis zur Kaliberbohrung in vier Öffnungen geteilt sind. Bedauerlicherweise steht die Mündungsbremse bei verriegeltem Lauf am Verschlußstück an.

Wie Lauf, Mündungsbremse und Schließfedersystem sind auch die meisten Abzugsteile Nowlin-Erzeugnisse. Und wie bei der Laufpassung, der Wölbung der Laufbrille und der für den Wartungsstift unerreichbar weit zurückgesetzten Querbohrung der Federführungsstange überläßt es John Nowlin Junior seinem handwerklichen Nachfolger, mehr aus den qualitativ hochwertigen Komponenten herauszuholen: Hammer und Sear halten mit 0,15 Millimeter Achsspiel keinen sauberen Druckpunkt, die stark gebrochene Abzugstollenkante verkürzt die wirksame Rastfläche auf 0,3 Millimeter und alle beweglichen Teile sind mit der Dreischenkelfeder auf BDS- und IPSC-untypische 1200 Gramm abgestimmt.

Konrad Krappmanns Fazit: »Ich bin von der Excaliber schon ein wenig enttäuscht. Sicherlich sind gute handwerkliche Ansätze vorhanden. Im Vergleich zur Konkurrenz arbeitet Nowlin aber doch ziemlich oberflächlich, ohne erkennbare Liebe zum Detail. Und das ist nicht nur eine Frage des Preises.«

Laborierungen für Nowlin Excaliber im Kaliber .38 Super Automatic

Pulver (gr)	Geschoß (gr)	Zünder	Patronen-länge (mm)
10,3 Kemira N 105	Win. 124 VMRK	SP	32
8,3 Kemira 3N37	Win. 130 VMRK	SP	32
10,3 Alliant Blue Dot	Win. 130 VMRK	SP	32
7,0 Kemira 3N37	Win. 147 VMKS	SR	32

Gasdruck (bar) *	v_2 (m/s)	Faktor (BDS/IPSC)	Streukreis (mm) **
2091	458	186	33
2356	421	180	45
2250	433	185	67
2209	369	178	21

* *Piezo-Quarzmessung des Beschußamts Ulm. Bei dieser Meßmethode beträgt der höchstzulässige Gebrauchsgasdruck für das Kaliber .38 Super Automatic zur Zeit 2250 bar*

** *Fünfergruppe, 25 m aufgelegt*

Technische Daten Nowlin Excaliber

Modell	Excaliber
Kaliber	.38 Super Automatic
Hersteller	Nowlin Custom Manufacturing, Claremore/Oklahoma, USA
Büchsenmacher	John Nowlin jr.
Griffstück	Caspian High Capacity zweite Generation
Magazinkapazität	19 Patronen
Verschlußstück	Caspian, Karbonstahl 4140, gefräst, 39 HRC
Lauf	Gezogener Nowlin-Rampenlauf (sechs Züge rechtsdrehend, Drallänge 406 mm) mit Schraubkonus und Nowlin-Fünfkammerkompensator
Schließfedersystem	Lange, einteilige Nowlin-Federführungsstange mit Querbohrung, Nowlin-Schließfederbüchse, Nowlin-Schließfeder (zwölf Pfund)
Verschlußfanghebel	EGW
Unterbrecher	Nowlin
Hammer	Nowlin
Abzugstollen	Nowlin
Abzugstollenfeder	Nowlin, Dreischenkelfeder
Abzugsgewicht	1200 g
Schlagfederstange	CMC (Titan)
Schlagfeder	Wilson
Schlagbolzenfeder	Wilson
Schlagbolzenplatte	Wilson
Auszieher	Nowlin, 9 mm/.38
Auswerfer	Nowlin
Handballensicherung	Caspian, Hi Ride Grip Safety
Daumensicherung	Caspian
Visierung	C-More-Leuchtpunktvisier

Maße und Gewichte

Länge	278 mm
Breite an den Griffschalen / am Magazinhalter / an der Daumensicherung	37,5 / 37,7 / 39,3 mm
Höhe ohne C-More-Sight	142 mm
Höhe mit C-More-Sight	193 mm
Lauflänge	128 mm
Griffstück ohne Abzug, Magazinhalter und Schlagfedergehäuse	436 g
Verschlußstück	306 g
Lauf mit Kompensator	250 g
C-More-Sight	115 g
Standardmagazin (19 Patronen)	87 g
Pistole mit C-More-Sight und Magazin	1422 g
Preis inkl. MWSt.	**5600 Mark (1998)**

Caspian-Basis: Auch die Nowlin Excaliber ist mit dem Feingußgriffstück zweiter Generation und einem Barstock-Slide ausgestattet.

CUSTOM
ILL USA

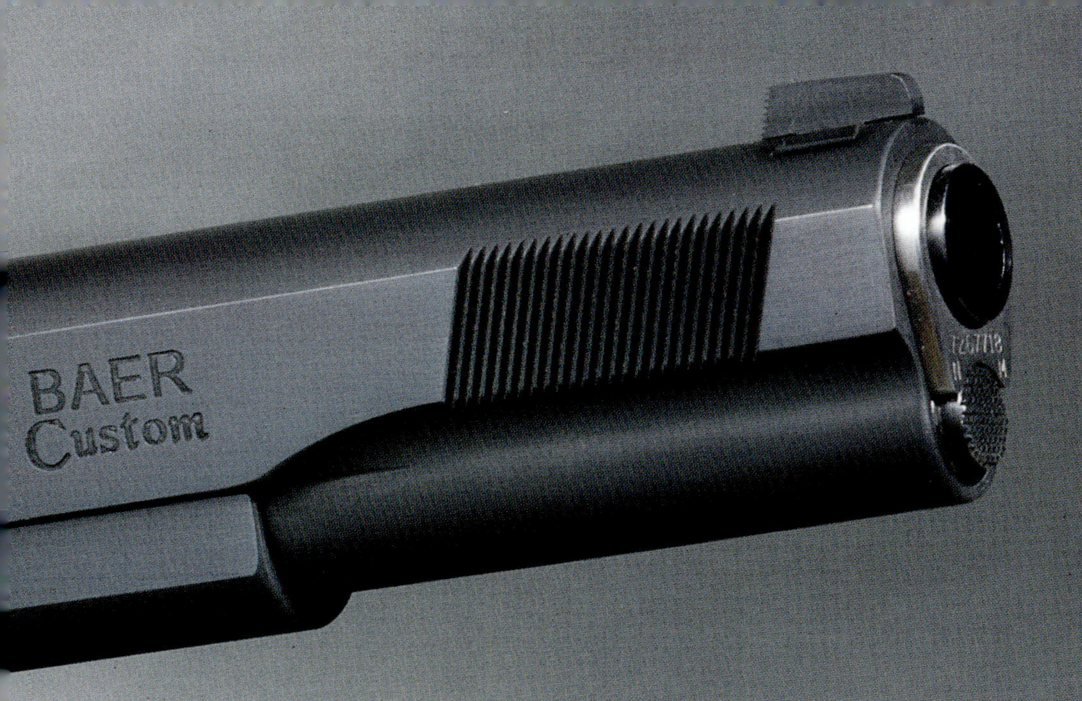

Bärenmarke

Les Baer Premier II/6"

Als »Scheibenpistole« ist die Premier II/6" kaum zu übertreffen.

Les Baer überläßt nichts dem Zufall. »Quality – Workmanship – Service«, sagt der frühere Dragster-Pilot, der außer einer stilisierten Race Gun den großvolumigen Achtzylinder mit Roots-Gebläse über qualmenden Slicks im Firmenlogo führt, »is a way of life at Les Baer Custom«. Und so sind die Waffen, die er mit all seiner Erfahrung aus der eigenen Schießpraxis, seiner Zeit als Tuner und Leiter des Springfield Armory Custom Shop (1990 – 1992), dem Umgang mit den damaligen Springfield-Werksschützen Rob Leatham und Doug Koenig sowie seiner bald siebenjährigen unternehmerischen Tätigkeit baut: grundsolide, handwerklich herausragend und über

Eigenbau: Les Baer fertigt alle wesentlichen Teile selber. Die kurze Federführung paßt allerdings nicht so recht ins Bild.

ein gutorganisiertes Händlernetz bestens betreut. Der »Bär« und seine Mitarbeiter verdanken ihrer Tüchtigkeit mittlerweile nicht nur einen geregelten Absatz von Sportwaffen, sondern auch zunehmende Verkaufserfolge auf dem Verteidigungssektor bis hin zu Regierungsaufträgen.

Wie schon die Einreiher von Springfield Armory stattet der Tuning-Altmeister auch die stählernen 1911 Style Pistols eigener Herstellung ausnahmslos mit Rahmen und Verschlußstücken aus gefrästen Schmiederohlingen aus. Nur diese aufwendige und teure Herstellung garantiert ihm die geforderte Maßhaltigkeit, und dafür verspricht er ein Schlittenlaufspiel nicht über 0,025 Millimeter – notfalls mit ein paar hundert Rounds »freigeschossen«. Durch die Verwendung der später noch auf 28 (Griffstücke) beziehungsweise 40 Rockwell gehärteten und geschliffenen Schmiedeteile spart er sich allerdings auch so zeitraubende Nebenbeschäftigungen wie das Schlichten und Richten verzogener minderwertiger Gußteile.

LB 6315, eine sechszöllige Premier II im Kaliber. .45 ACP für präzises Scheibenschießen in maximal sechsschüssigen Durchgängen nach den 25-Meter-, Mehrdistanz- und 1500-Regeln der drei großen Schießsportverbände, kann diese »close, rigorous tolerances« nur bestätigen: was geschmiert und unter Federdruck spielfrei scheint, mißt seitlich 0,02 und in der Höhe bis zu 0,04 Millimeter. Neben der engen Passung, die außer den 88,6 Millimeter langen Führungsschienen auch den oberen Rahmenabschluß an der feingeschliffenen Unterseite des Verschlußstücks zur Anlage bringt, gefällt vor allem das edle Finish beider Teile. Um bei der Serienmontage baugleicher Waffen oder einer Reparatur nun wirklich nichts dem Zufall zu überlassen, sind Schlitten, Lauf, Führungsbüchse, Auszieher, Schlagbolzenplatte, Hammer, Abzugstollen und Sicherungen mit den drei Endziffern der Rahmennummer beschriftet.

Von gleicher Sorgfalt zeugt das Top End. Vorn sitzt die Laufführungsbüchse so fest, daß zu ihrer Drehung schon ein wenig Kraft vonnöten ist, und ihre Funktion erfüllt sie mit dem sprichwörtlich kaum meßbaren Ringspalt um den an der Mündung etwas weiter geschliffenen Lauf. Bei der Verriegelung gestattet Les Baer dem »aufgebockten« Rohr grundsätzlich nur einen Warzeneintritt, der die Schlagbolzenbohrung zentrisch zum Zündhütchen hält – in diesem Fall 1,1 Millimeter. Die Nivellierung erfolgt durch Eintuschieren der übermaßigen Laufwarzen. Axial ist der Lauf eher mit Druck auf den Stoßboden geführt, und seitlich gewährleisten je 0,1 Millimeter Spiel ein sicheres Einschwenken während der Verriegelung. Weitere Besonderheiten um das Verschlußstück sind die kleine 9 mm/.38er Schlagbolzenbohrung, die weniger zur Kraterbildung der Zündhütchen neigt, die eingepaßte Schlagbolzenplatte, die zur hochfahrenden Patrone hin weiter geöffnete Auszie-

Griff- und Verschlußstück sind aus Schmiederohlingen hergestellt und mit engsten Toleranzen gepaßt.

Auch der Lauf trägt die drei Endziffern der Rahmennummer zur sicheren Identifizierung.

herkralle, das vergrößerte Auswurffenster, zusätzliche Serrations (Griffrillen) im Mündungsbereich und die tief eingesetzte Bo-Mar-Kimme.
Gegenüber den CNC-gefrästen, geschliffenen, gestrahlten und seitlich polierten Gesenkschmiedeteilen, dem 153-Millimeter-Matchlauf, den anspruchsvollen Paßarbeiten und den vielen anderen Extras läßt die Ausstattung des Griffstücks noch einiges zu wünschen übrig. So mangelt es der ungeriffelten Vorderseite erheblich an Grip.
Das gleiche gilt für das längsgerillte

Les Baer auf seiner rasenden Kanone.

Schlagfedergehäuse, und auch die lackierten Edelholzgriffschalen mit dem strahlenden Les Baer auf seiner rasenden Kanone tragen wenig zur Rutschfestigkeit bei. Gravierend ist jedoch der Abzug, der wegen des ungewöhnlich hohen Abzugsgewichts von über 1700 Gramm und seiner schleppenden Charakteristik kaum den Mindestanforderungen genügt. Dabei zeigen die hinter dem 1911 Match Speed Trigger liegenden Schloßteile genau die Bearbeitung, die eigentlich immer gute Resultate verspricht: die bündige Unterbrecherstellung zur ausgefahrenen Abzugstange, die vorn leicht gerundete

Abzugstollenkante, die auf 0,45 Millimeter gekürzte Hammerspannrast, der daraus resultierende wirksame Rasteingriff von 0,35 Millimetern sowie ein Achsspiel von Hammer und Sear unter 0,1 Millimeter. Auch die Schlagfederstange ist korrekt abgelängt und am Übergang zum Schlagfederteller geschliffen.

Bezüglich der Schußleistung bleiben keine Wünsche offen. Die lange *Premier II/6"* schießt mit den üblichen Blei- und Mantelgeschossen störungsfrei und macht auch in der Präzision keine großen Unterschiede. Trotz heftiger Kritik am Abzugsystem gelingen dem Testschützen aufgelegte Fünfergruppen mit bemerkenswerten Streukreisen.

Laborierungen für Les Baer Premier II/6" im Kaliber .45 ACP

Pulver (gr)	Geschoß (gr)	Zünder	Patronenlänge (mm)
Winchester-Fabrikmun.	Win. 230 VMRK	-	32
5,0 Kemira N 320	Magic M. 200 SWC	LP	31,5
5,1 Kemira	RPG 200 SWC	LP	31,5

Gasdruck (bar) *	v_2 (m/s)	Faktor (BDS/IPSC)	Streukreis (mm) **
-	265	200	22
985	271	178	21
-	269	177	27

* *Piezo-Quarzmessung des Beschußamts Ulm. Bei dieser Meßmethode beträgt der höchstzulässige Gebrauchsgasdruck für das Kaliber .45 ACP zur Zeit 1300 bar*

** *Fünfergruppe, 25 m aufgelegt*

Technische Daten Les Baer Premier II/6"

Modell	Premier II/6"
Kaliber	.45 ACP
Hersteller	Les Baer Custom, Hillsdale/Illinois, USA
Büchsenmacher	Les Baer u.a.
Griffstück	Les Baer, geschmiedet und gefräst, 28 HRC
Magazinkapazität	8 Patronen
Verschlußstück	Les Baer, geschmiedet und gefräst, 40 HRC
Lauf	Gezogener, rampenloser Les-Baer-Matchlauf (sechs Züge linksdrehend, Drallänge 406 mm) mit Standard Bushing
Schließfedersystem	Kurze Les-Baer-Standardfederführung, Les-Baer-Schließfederbüchse, Wolff-Schließfeder (17 Pfund), Wilson-Shok-Buff
Verschlußfanghebel	Les Baer
Unterbrecher	Ed Brown
Hammer	Les Baer, Commander deluxe
Abzugstollen	Les Bear
Abzugstollenfeder	Les Baer, Dreischenkelfeder
Abzugsgewicht	1700 g
Schlagfederstange	Les Baer
Schlagfeder	Les Baer
Schlagbolzen	Les Baer
Schlagbolzenfeder	Les Baer
Schlagbolzenplatte	Les Baer
Auszieher	Les Baer, .45
Auswerfer	Les Baer
Handballensicherung	Les Baer
Daumensicherung	Les Baer
Visierung	Bo-Mar-Kimme, Targetkorn

Maße und Gewichte

Länge	241 mm
Breite an den Griffschalen / an der Daumensicherung	33,3 / 37,5 mm
Höhe ohne Visierung	135 mm
Höhe mit Visierung	140 mm
Lauflänge	153 mm
Griffstück ohne Abzug, Magazinhalter und Schlagfedergehäuse	337 g
Verschlußstück mit Bo-Mar-Kimme und Korn	418 g
Lauf	110 g
Magazin	75 g
Pistole mit Magazin	1200 g
Preis inkl. MWSt.	**3700 Mark (1998)**

Eine typische Drummen: Caspian-Basis, ACC-U-RAIL und Schuemann-Lauf.

Topgun
Drummen Race Gun

Maurice Drummen kommt aus einer holländisch-belgischen Büchsenmacherfamilie und führt den übernommenen Betrieb im niederländischen Nuth an der Autobahn Heerlen-Aachen in dritter Generation. Noch unter Mithilfe seines Vaters und Lehrmeisters baut der 40jährige Holländer dort Jagd- und Sportwaffen aller Art und genießt nicht nur mit seinen Race Guns internationalen Ruf. Auch so ausgefallene Stücke wie Replikate historischer Gewehre für das traditionelle Adlerschießen in den nördlicheren Gefilden Europas zählen zu seinen Erzeugnissen. Ein Gang durch sein gepflegtes Ladengeschäft beeindruckt den Kurz- und Langwaffenschützen ebenso wie den Wiederlader, der außer dem üblichen Zubehör auch Regale voller Drummen-Matchgeschosse findet.
Das vielseitige Angebot kommt nicht von ungefähr. Mit vier niederländischen Meistertiteln (1992 – 1995), dem ersten Platz im Shoot-off der Austrian Open 1994, dem zweiten in der Gesamtwertung der gleichen Veranstaltung und dem Gewinn der Dutch Open 1996 bringt Maurice Drummen auch große Erfahrung als aktiver IPSC-Schütze in sein Tagesgeschäft ein. In den vergangenen zwölf Jahren haben allein über 500 Stock Guns, Race Guns und andere Waffen für das Praktische Pistolenschießen seine vorbildlich eingerichtete Werkstatt verlassen, das kleine Eldorado des ambitionierten Büchsenmachers. Doch außer dem Know-how müssen auch die Lieferzeiten stimmen. »Zwei Monate, höchstens drei, falls es mal zu Engpässen bei wichtigen oder Wunschteilen kommt«, mutet der Holländer seiner verständlicherweise oft ungeduldigen Kundschaft zu, und damit es möglichst nicht dazu kommt, betreibt er eine geradezu taktische Lagerhaltung. So ergänzt er zum Beispiel laufend seinen Vorrat an bereits mit ACC-U-RAIL versehenen Griff- und Verschlußstücken in allen denkbaren Kombinationen von Caspian bis Strayer Voigt, jede mit Härteprüfung und Zertifikat. Darüber hinaus liegen immer wenigstens zehn unterschiedliche Schienensätze für eventuelle Reparaturen oder Änderungen von Schlittenlaufspielen bereit. Denn wie Matthew McLearn setzt auch er kompromißlos auf diese unkomplizierte und präzise Schlittenführung.
Maurice Drummens »Offene« heißen alle Race Gun. Aber kaum eine dieser Race Guns ist wie die andere. Der flexible Gun Smith aus Nuth liefert jede gewünschte Zusammenstellung, solange sie ihm technisch sinnvoll erscheint, und bereitet sie optisch ganz nach dem Geschmack und der Brieftasche des Käufers auf: gerillt, geriffelt, geschlitzt; brüniert, nitriert, verchromt – und manche sogar mit eigens für ihn entworfenen Airbrush-Motiven auf abgeschliffenen SV-Kunststoffgriffen. Er selbst bevorzugt Pistolen auf Caspian-Basis, Schuemann-Läufe sowie Schloßteile von BAT (Better Accuracy Technology), Caspian, Cylinder & Slide und Strayer Voigt.

Der Meister und sein Werk: Maurice Drummen mit seiner Wettkampfwaffe.

Thumb Guard am sorgfältig bearbeiteten Griffstück.

Insofern machen Caspian, das patentierte Krieger-System und ein Schuemann-Lauf auch die abgebildete Race Gun zu einer typischen Drummen. Schon das Griffstück, das bekannte Caspian-Feingußteil zweiter Generation aus Karbonstahl 4130, veranschaulicht die ganze handwerkliche Bandbreite des Holländers vom Umgang mit der Feile bis zum Einsatz einer digitalgesteuerten Fräsmaschine. Besondere Aufmerksamkeit erregt dabei das umlaufende Checkering, die griffige Ergänzung des aufgeklebten Grip Tape unter dem Abzugsbügel, an den Außenseiten des maximal geöffneten Magazintrichters und neben dem entsprechend gemusterten Schlagfedergehäuse. Auch die vorn in drei Reihen angeordneten, zur Wahrung der Stabilität jedoch nur halb eingestochenen 26 zusätzlichen Ausfräsungen sind kaum zu übersehen, während die Riffelung zu beiden Seiten des Schlagfedergehäuses sozusagen als Abfallprodukt des auf Höhe der Handballensicherung stärker ausgekehlten Griffrückens eher unauffällig bleibt. Weitere mehr oder weniger augenfällige Modifikationen sind die zweimal fünf Ventilations- oder Erleichtungsschlitze im Dust Cover, die über eine spezielle Kerbe am Schlagfedergehäuse fixierte Handballensicherung, der auf der linken Seite angelötete Daumenabweiser *(thumb guard)* und die eingefräste Rampengasse.
Der Caspian-Barstock-Slide gleitet mit dem üblichen Minimalspiel auf den geschliffenen ACC-U-RAILS und nimmt

Das umlaufende Checkering und die vielen Ausfräsungen sind eine Spezialität des holländischen Büchsenmachers.

Drummen-Schließfedersystem mit abgerundeter Stange und Büchse.

auch die Schuemann-Hybricomp-Variante mit ungebohrtem Lochsattel und großer Drallänge (1 : 32") – hohe Präzision bei leichten Geschossen – mit kleinsten Toleranzen auf. »Exzellente Passungen«, bestätigt Konrad Krappmann seinem niederländischen Kollegen, »so gut wie kein Längsspiel, je ein Zehntel seitlich am Stoßboden, um den Lauf sauber reinkommen zu lassen, und vorn eine perfekte Anlage von Laufkonus und Laufsattel. Auch die Verriegelungshöhe von 1,2 Millimetern ist optimal getroffen, gleichwohl Maurice über dieses Maß keinesfalls hinausgehen möchte. Gasdruckstarke Kaliber verlangen nach seiner Meinung schnellstmögliche Entriegelung zur frühzeitigen Entlastung der Verriegelungswarzen«. Zusätzliche Griffrillen, vier Griffmulden, zwei Reihen weiterer Öffnungen mit Durchblick auf das Schließfedersystem und die Distanzierung der Laufbrille vom Sechskammerkompensator runden die Überarbeitung des Verschlußstücks ab. Das komplette Schließfedersystem sowie die extralange Mündungsbremse, die als eine von vielen Drummen-Konstruktionen vier nach oben geöffnete Kam-

Schuemann-Lauf mit ungebohrtem Lochsattel und Drummen-Sechskammerkompensator.

mern und zwei mit seitlichem Gasaustritt enthält, sind Produkte aus der eigenen Werkstatt.
Gediegene Feinmechanik beherrscht auch das Innenleben des Griffstücks. Dies gilt für den Leichtlauf des serienmäßigen Matchtriggers ebenso wie für die korrekte Länge und Stellung des Unterbrechers, den Gleitsitz des Unterbrecherkopfs, die eingeriebenen Achsen, die Bearbeitung der Rasten und die Abstimmung des ganzen Systems mit den beiden Federn. Grundsätzlich wertet Maurice Drummen die Zuverläs-

Hammer und Sear nach Art des Hauses.

sigkeit und Haltbarkeit seiner Abzüge jedoch höher als rekordverdächtige Abzugswiderstände und holt aus den verwendeten Schloßteilen nicht unbedingt das letzte heraus.
Dementsprechend fräst er die Hammerspannrast auf einer speziellen Vorrichtung knapp unter 90 Grad und läßt ihr trotz eines 45-Grad-Kantenbruchs am Abzugstollen noch eine Auflage um 0,5 Millimeter. Dennoch »kommt« der Abzug schon bei 900 Gramm und zeigt nicht die geringsten Nebenwirkungen.

Laborierungen für Drummen Race Gun im Kaliber .38 Super Automatic

Pulver (gr)	Geschoß (gr)	Zünder	Patronenlänge (mm)
9,3 Kemira 3N37	Win. 124 VMRK	SR	31,8
9,5 Kemira 3N37	Fiocchi 123 VMRK	SR	31,7
10,2 Vectan SP2	Win. 124 VMRK	SR	31,8
10,4 Vectan SP2	Fiocchi 123 VMRK	SR	31,7

Gasdruck (bar) *	v_2 (m/s)	Faktor (BDS/IPSC)	Streukreis (mm) **
-	447	182	29
-	442	178	32
-	445	181	34
-	447	180	34

* *Drummen-Laborierungen, Gasdrücke unbekannt*
** *Fünfergruppe, 25 m aus der Ransom Rest*

Technische Daten Drummen Race Gun

Modell	Race Gun
Kaliber	.38 Super Automatic
Hersteller	Drummen Custom Guns, Nuth, Niederlande
Büchsenmacher	Maurice Drummen
Griffstück	Caspian High Capacity zweite Generation
Magazinkapazität	19 Patronen
Verschlußstück	Caspian, Karbonstahl 4140, gefräst, 39 HRC
Lauf	Gezogener Schuemann-Konuslauf (sechs Züge rechtsdrehend, Drallänge 813 mm) mit Rampe und Drummen-Sechskammer-kompensator
Schließfedersystem	Lange, einteilige Drummen-Feder-führungsstange mit Querbohrung, Drummen-Federführungsbüchse, Drummen-Schließfeder (elf Pfund)
Verschlußfanghebel	Drummen
Unterbrecher	BAT
Hammer	Strayer Voigt
Abzugstollen	Strayer Voigt
Abzugstollenfeder	Clark, Vierschenkelfeder
Abzugsgewicht	900 g
Schlagfederstange	Strayer Voigt
Schlagfederteller	Wilson
Schlagfeder	Drummen (zwölf Pfund)
Schlagbolzen	Caspian
Schlagbolzenfeder	Drummen
Schlagbolzenplatte	Ed Brown
Auszieher	Wilson, 9 mm/.38
Auswerfer	Wilson
Handballensicherung	Caspian, Hi Ride Grip Safety
Daumensicherung	Caspian
Visierung	Bushnell-HoloSight

Maße und Gewichte

Länge	280 mm
Breite am Grip Tape / am Magazinhalter / an der Daumensicherung	28,6 / 30,9 / 39 mm
Höhe ohne HoloSight	137 mm
Höhe mit HoloSight	187 mm
Lauflänge	136 mm
Griffstück ohne Abzug, Magazinhalter und Schlagfedergehäuse	425 g
Verschlußstück	300 g
Lauf mit Kompensator	306 g
Bushnell-HoloSight mit Montage	276 g
Standardmagazin (19 Patronen)	87 g
Pistole mit Bushnell-HoloSight und Magazin	1549 g
Preis inkl. MWSt.	**8000 Mark (1998)**

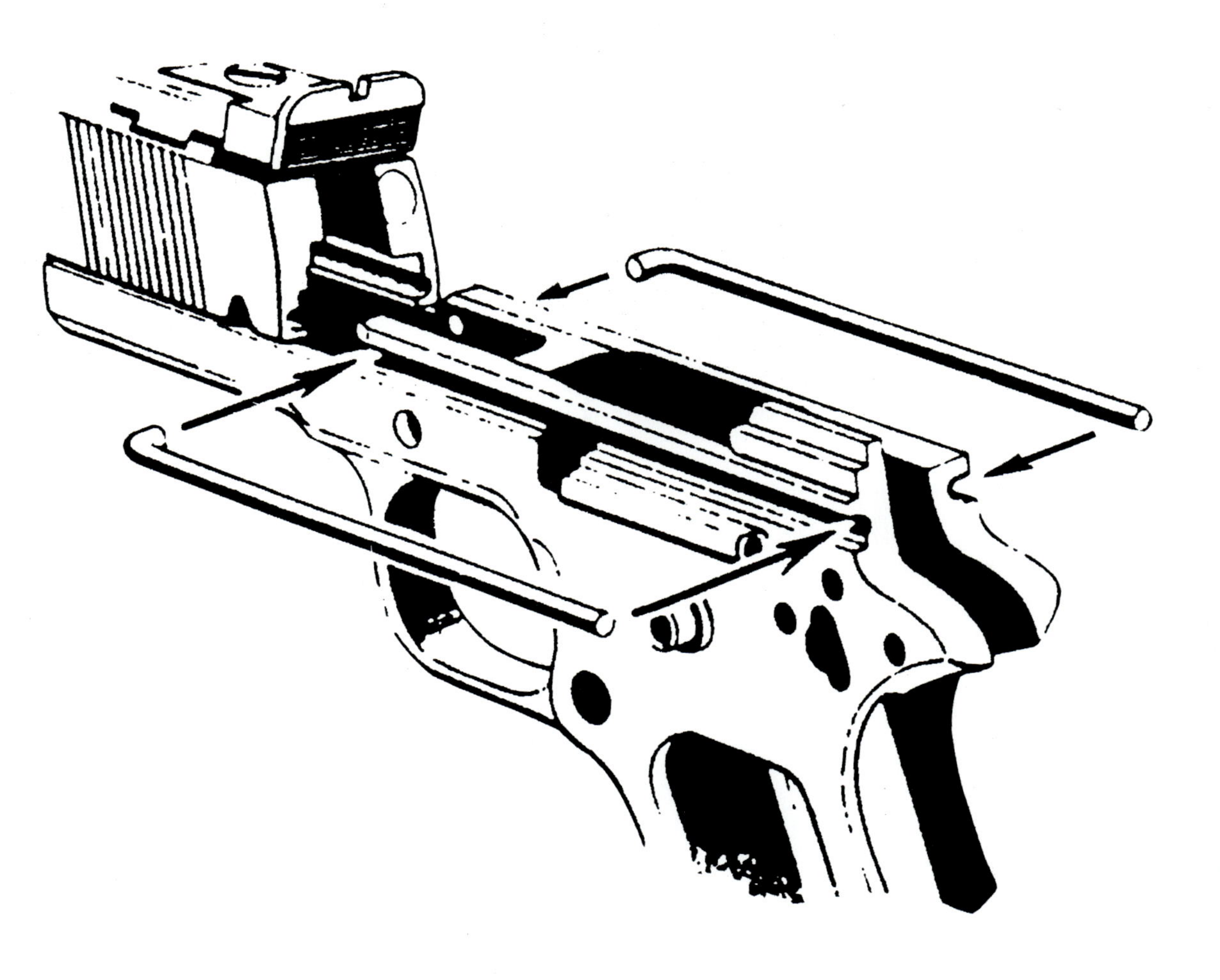

ACC-U-RAIL: Ursprünglich entwickelte Bob Krieger sein patentiertes »Frame Tightening System« nur als weniger kraftvolle Reparaturmethode gegenüber dem üblichen »Squeezing and Peening« für zu weit gepaßte oder stark eingelaufene Schlittenführungen. Mittlerweile ist ACC-U-RAIL längst Bestandteil vieler hochkarätiger neuer Wettkampfwaffen. Tuner wie Matthew McLearn oder Maurice Drummen schätzen das präzise und leichtgängige System vor allem wegen der durch unterschiedlich dicke Führungsstäbe jederzeit veränderlichen Toleranzen. Zur Aufnahme der vorn abgewinkelten und im Griffstück verankerten Schienen werden Griff- und Verschlußstück im Führungsbereich halbrund ausgefräst.

Wörterbuch

Der Zeitgeist hinterläßt seine Spuren auch im Schießsport: Wie in der Werbung herrschen englische Begriffe vor. Daher an dieser Stelle ein Wörterbuch, das dem Schützen die Möglichkeit bietet, Fachbegriffe auch in seiner Muttersprache kennenzulernen.

A

Ambi(dextrous) Safety Beidseitige Daumensicherung
Any Order Freier Übungsablauf

B

Barrel Lauf
Barrel Bushing Laufführung
Barrel Chamber Patronenlager
Barrel Link Laufgelenk/Kette
Beavertail Handballensicherung
Bottom Barrel Lug Laufhaken
Briefing Einweisung in eine Übung
Bull Barrel Dickwandiger Lauf

C

Checkering Riffelung
Chief Range Officer (CRO) Hauptschießleiter
Compensator Mündungsbremse
Comstock-Wertung Wertung mit unbegrenzter Schußzahl
Custom Gun Im Kundenauftrag hergestellte oder getunte Waffe

D

Disconnector Unterbrecher
Disconnector Port Unterbrecherbohrung im Griffstück
Disconnector Track Schiene zur Steuerung des Unterbrechers am Verschlußstück
DQ Disqualifikation
Drop-in Parts Einbauteile
Dust Cover Schließfederabdeckung am Griffstück

E

Ejector Auswerfer
Extractor Auszieher
Extra Shots Zuviel abgegebene Schüsse

F

Falling Plates Definierte Stahlziele
Firing Pin Schlagbolzen
Firing Pin Spring Schlagbolzenfeder
Firing Pin Stop Plate Schlagbolzenplatte
Fixed Time Festzeit (Wertung)
Frame Rahmen/Griffstück
Front Sight Korn
Full House Race Gun Vollausgestattete Wettkampfwaffe für die Offene Klasse
Full-lock Maximale Verriegelungshöhe

G

Grips Griffschalen
Grip Safety Handballensicherung
Grip Tape Selbstklebender Griffbezug
Gun Smith Büchsenmacher
Gun Smith Quality Werkstück in Büchsenmacherqualität

H

Half-cock Notch Fangrast am Hammer
Hammer Hammer (Schlagstück)
Hammer Strut Schlagfederstange
Hardcover Simulation einer undurchdringlichen Fläche
High Capacity Frame Griffstück für zweireihiges Magazin
Hitfactor Trefferquote
Hot Range Freigabe der Schießbahn zwischen zwei Durchgängen unter besonderen Sicherheitsvorkehrungen

J

Jet Funnel Vergrößerter Magazintrichter

K

Kit Bausatz

L

Level Schwierigkeitsgrad einer Übung oder eines Wettkampfs
Locking Lugs Verriegelungsnuten im Verschlußstück
Locking Top Lugs Verriegelungswarzen (Kämme) am Lauf
Long Dust Cover Lange Schließfederabdeckung am Griffstück

M

Magazine Catch Magazinhalter
Mainspring Schlagfeder
Mainspring Cap Schlagfederteller
Mainspring Housing Schlagfedergehäuse
Major-Factor Impulsfaktor für starke Laborierungen
Match Director (MD) Wettkampfleiter
Match-grade Matchqualität
Minor-Factor Impulsfaktor für schwächere Laborierungen
Miss Fehlschuß
Mover Bewegliches Ziel

N

No Shoot Nicht zu beschießendes Hindernis

P

Parcours Übung mit Laufstrecke
Pepper Popper Definiertes Stahlziel
Pistol Smith Pistolenbauer
Procedural Ablaufehler

Q

Qualifier Qualifikationsübung

R

Race Gun Wettkampfwaffe für die Offene Klasse
Rail Job Paßarbeiten an Griff- und Verschlußstück
Ramp Patronenzuführung am Lauf
Range Schießbahn
Range Master (RM) Stellvertretender Wettkampfleiter
Range Officer (RO) Schießleiter
Rear Sight Kimme
Recoil Buffer Elastischer Puffer im Schließfedersystem
Recoil Spring Schließfeder
Recoil Spring Guide Federführung/Federführungsstange
Red Dot Sight Leuchtpunktvisier
Relaxed Position Entspannte Haltung vor einer Übung

S

Safety Area Sicherheitszone
Sear Abzugstollen
Sear Bounce Rückschlag des Abzugstollens
Sear Engagement Rasteingriff
Sear Engagement Face Rastfläche am Abzugstollen
Sear Engagement Notch Hammerspannrast
Sear Spring Abzugstollenfeder
Shoot-off Finalschießen
Slide Schlitten/Verschlußstück
Slide Racker Repetierhebel
Slide Stop Schlittenfanghebel
Speedloader Schnellader
Speed Shoot Schnellschießübung
Spherical Bushing Kugelförmige bewegliche Laufführung
Spring Plug Schließfederbüchse
Stage Übung
Standards Grundübungen
String Teilübung (Durchgang)
Strong Hand Schußstarke Hand

T

Target Ziel
Thumb Guard Daumenabweiser
Thumb Safety Daumensicherung
Timer Elektronischer Starter und Zeitnehmer
Timing Slot Nut in der Steuerschiene des Verschlußstücks
Trigger Abzug
Trigger Bow Um das Magazin gebogene Abzugstange
Trigger Job Abzugstuning
Trigger Pull Kraft zur Abzugsbetätigung (Abzugswiderstand/Abzugsgewicht)
Turner Drehscheibe

V

Virginia-Wertung Wertung mit begrenzter Schußzahl

W

Warning Verwarnung
Weak Hand Schußschwache Hand

Umrechnungsfaktoren

1 Millimeter (mm)	= 0,03937 inches (in)
1 inch (in)	= 25,40005 Millimeter (mm)
1 Meter pro Sekunde (m/s)	= 3,281 feet per second (ft/s)
1 foot per second (ft/s)	= 0,3048 Meter pro Se
1 Gramm (g	
1 grain (gr)	
1 pound (lb)	
1 Gramm (g)	

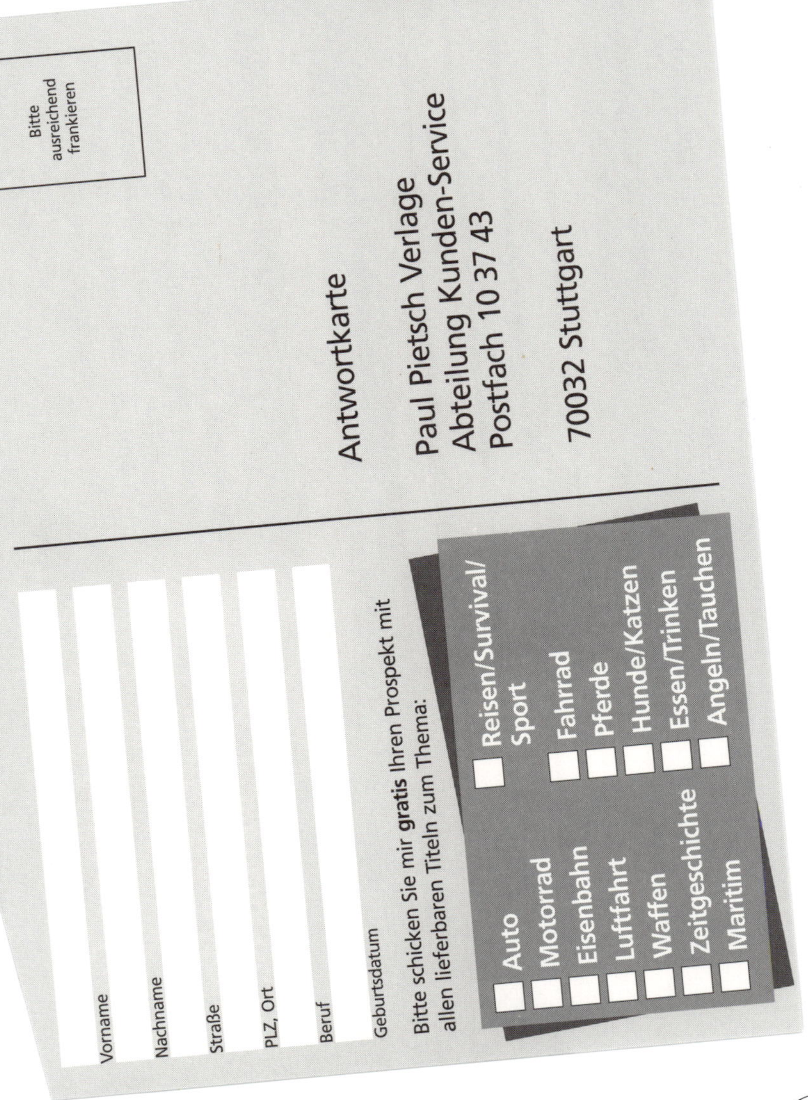
Bitte ausreichend frankieren

Antwortkarte

Paul Pietsch Verlage
Abteilung Kunden-Service
Postfach 10 37 43

70032 Stuttgart

Bitte schicken Sie mir **gratis** Ihren Prospekt mit allen lieferbaren Titeln zum Thema:

- ☐ Auto
- ☐ Motorrad
- ☐ Eisenbahn
- ☐ Luftfahrt
- ☐ Waffen
- ☐ Zeitgeschichte
- ☐ Maritim
- ☐ Reisen/Survival/Sport
- ☐ Fahrrad
- ☐ Pferde
- ☐ Hunde/Katzen
- ☐ Essen/Trinken
- ☐ Angeln/Tauchen

Vorname

Nachname

Straße

PLZ, Ort

Beruf

Geburtsdatum

Schuß-sicher

Klaus-Peter König
Faustfeuerwaffen heute
Der Markt für Faustfeuerwaffen quillt über. Fast jedes Jahr kommen neue Modelle dazu. Doch was ist heute Stand der Technik bei Revolvern, Selbstladepistolen, Sportwaffen und Luftpistolen? Welche Vor- und Nachteile haben die verschiedenen Modelle?
300 Seiten, 443 Bilder, 48 Zeichnungen
Bestell-Nr. 01791
DM 78,–

Hans J. Heigel
Präzisions-Gewehrschießen
Mit Tests und Beschreibungen von fast allen auf dem Markt befindlichen Großkaliber-Serienwaffen liefert der Autor solide Grundlagen zur Beurteilung von Präzisionsgewehren, »Custom-Guns«, Waffen für das »Long-Range«-Schießen und Scharfschützengewehren.
292 Seiten, 163 Bilder
Bestell-Nr. 01600
DM 59,–

Beat Kneubuehl
Geschosse
Hier werden die physikalischen und technischen Aspekte der unterschiedlichsten Geschoßarten eingehend analysiert sowie wertvolle Tabellen mit Geschoßdaten und Schußtafeln geboten. Ein unverzichtbares Grundlagenwerk für alle Sportschützen und Jäger.
270 Seiten, 140 Bilder
Bestell-Nr. 30286
DM 69,–

Ragnar Skanaker/Laslo Antal
Sportliches Pistolenschießen
Ragnar Skanaker, mehrfacher Olympiasieger und Weltmeister in den Disziplinen Freie Pistole, Luft- und Standardpistole, öffnet hier seine Trickkiste. Seine Tips können sofort in das eigene Trainigsprogramm übernommen werden und weisen den Weg zu olympischem Gold!
196 Seiten, 222 Bilder
Bestell-Nr. 01425
DM 39,80

R. L. Wilson, **Colt**
Dies ist die ultimative Chronik zum 150jährigen Jubiläum der legendären Waffenschmiede. Über 300 Farbfotos und 115 historische Bilder präsentieren Seite für Seite die ganze Palette der Serienmodelle und Sonderanfertigungen. Dazu gibt's viele Infos über Produktion, Seriennummern und die Firmenhistorie.

406 Seiten, 447 Bilder, davon 327 in Farbe
Bestell-Nr. 01301 **DM 98,–**

IHR VERLAG FÜR
WAFFEN-BÜCHER

Postfach 10 37 43 · 70032 Stuttgart
Telefon (0711) 2108065
Telefax (0711) 2108070

Stand September 1998 – Änderungen in Preis und Lieferfähigkeit vorbehalten